獻給在臺灣各地
奮戰不懈的文化資產守護者

紙上明治村 2丁目

重返臺灣經典建築

凌宗魁 著
鄭培哲 繪

建築記憶的相簿

李清志（實踐大學建築設計學系副教授）

去年我又去了一趟名古屋的「明治村」，主要是去探訪建築大師萊特的帝國飯店建築。這座飯店建築可說是萊特在海外最重要的一棟經典建築，這座建築延續草原建築的風格，再加上日本本地石材大谷石的運用，凸顯出萊特建築獨有的魅力！這樣一座建築的確也曾經影響過日本近代建築的發展，日本有一些建築師受到萊特的影響，也設計出一批具有萊特風格的建築。

帝國飯店之所以受到矚目，與關東大地震有很大的關係。一九二三年的關東大地震，摧毀了東京市區絕大部分的建築，包括位於淺草的高塔「凌雲閣」，不過東京落成不久的帝國飯店卻屹立不搖（有一說是，有損壞但不嚴重），自視甚高的萊特便大肆宣傳，帝國飯店因此聲名大噪。後來隨著戰後經濟成長，帝國飯店老建築改建大樓，萊特所設計的舊帝國飯店門廳部分被保留下來，送到「明治村」復原保存，所以很多人興匆匆跑到東京去住帝國飯店，然後才發現現在的飯店已非當年的萊特建築，想看舊的帝國飯店，還必須跑到名古屋，才能一償宿願。

所謂的「明治村」其實就是一座「房屋遺骨收容所」，所有死亡或是被處決的建築，遺骨屍體被送到這裡收藏，甚至展示，這樣的做法雖然不是最佳方案，但是至少可以留存屍骨，讓後人瞻仰遺容。事實上，日本除了「明治村」之外，東京也有一座位於小金井市的「江戶東京建物園」，收集東京城市發展中，不得不拆除的老建築，包括舊日的錢湯建築、派出所、電車站，以及成排的商店街，還有前輩建築師前川國男的家，可說是研究江戶老建築的極佳博物館。

類似「明治村」這種建築博物館，過去在臺灣也曾經有人仿效設置，最有名的就是彰化民俗村，這座地方性私人民俗村，在臺灣建築保存運動還未萌芽之際，就懂得收藏老建築，可說是十分有遠見的！當年北淡線鐵路拆除，沿線所有車站幾乎全數拆毀，彰化民俗村是少數具有歷史建築保留意識的單位，他們特別將新北投車站買下，運送到彰化民俗村展示，只可惜後來民俗村經營不善，產權更易，園中老舊建築無人聞問，幾乎成為破爛廢墟。

多年後，人們開始驚覺為什麼當年如此輕率地將所有的車站拆除，如今想看看以前記憶裡的車站，都無法如願。還好彰化民俗村還保留著新北投車站的遺骸，北市各界想盡辦法將老車站弄回來修復，放置在目前新北投捷運站旁公園內，我們總算保有了一些關於舊日北淡線車站的記憶，這一切要感謝當年彰化民俗村的搶救與保存。

我們必須承認，當年臺灣的歷史建築保存意識實在十分薄弱，我們因為在建築系課程裡，受到李乾朗老師的歷史建築課程薰陶，對於老建築具有一定的喜好與疼惜。八〇年代末期，我為了自己的畢業作設計題目，到臺北城中區進行觀察，拍攝了許多歷史建築的照片，可是我拍到後來，心裡開始害怕，覺得這個城市對待老建築的手段十分暴力，許多老建築在一夜之間就被怪手夷為平地，消失無蹤；有些建築我才拍完照片，隔天就被拆毀，讓我感覺自己像是在幫它們拍攝遺照！

還好歷史建築保存的觀念，在各界先進的努力下，逐漸成為全國民眾的常識，雖然老建築拆除與否依然爭議不斷，但是至少在拆老房子時開始有不同的聲音出現，老屋保存或是老屋再生的觀念，也逐漸在民眾心中成形。

凌宗魁雖然年輕，卻深入研究探索臺灣近代建築，在《紙上明治村》系列著作中，與插畫功力高深的鄭培哲合作，呈現出這些建築本來的面貌與榮光。雖然書中的歷史建築多已消失，或是在城市發展中被改造，失去原本的面貌，但是在《紙上明治村》裡，我們又可以看到這些建築的美好年代，帶我們回到過去的榮耀歷史。

我非常開心認識凌宗魁與鄭培哲兩位年輕人！從他們的著作可以看到新世代對於城市建築的看法，我發現原來年輕人並不是只喜歡新事物，他們對於歷史建築充滿熱情與迷戀；原來年輕人並不是歷史建築的敵人，真正的敵人反而是某些貪婪無知的長輩們。

這本書裡對於臺灣近代建築歷史的論述，也有了不同的詮釋與見解，例如本書正視了裝飾藝術風格建築（Art Deco）在臺灣歷史的地位，過去建築史的討論中，這些建築總是以「折衷主義」一詞輕鬆帶過；另外論述分類方式的不同，也讓我們有機會仔細審視一些過去忽略的建築，例如以前臺大醫院鍋爐室及煙囪建築，曾經讓我十分著迷，卻在新建兒童醫院過程中被拆除，在本書中也認定了其地位與價值；過去不太被討論的土木設施，在本書中也有專篇的論述記載，例如測候所、配電所、現代化穀倉與車站等建築，都在本書中有詳細的討論。

平心而論，這本書是國內少見近代建築史優秀的出版品，不只是內容論述嚴謹，美編製作也十分具有美感，完全不輸日本類似的建築史書籍，可說是臺灣的驕傲與榮耀。這樣的近代建築史系列出版，完全可以當作國內建築系的教科書使用，對於新世代建築歷史觀念的培養，也會有極大的幫助！

歷史建築是人們集體記憶的儲存所，雖然國內沒有類似「明治村」的建築收容所，但是《紙上明治村》猶如另一種儲存記憶的方式；閱讀《紙上明治村》就有如翻閱古老的照相簿一般，讓人再次沉浸在過去歷史的美好裡。

為了不願失去的記憶

凌宗魁

人類為什麼會希望保存老建築？又為什麼會希望不斷建造新建築？說到底都是為了生存所需。然而，生存包含現實需求與情感慰藉等太多複雜面向，兩種意念不斷拉扯，產生了我們所認識的人造空間環境。而有品質的老建築，在被賦予文化資產身分保存下來後，就必然具備「公共財」的價值與性質嗎？新建築被蓋出來後，就必然能改善生活環境嗎？許多的問題答案並非正反分明，但時常在更多的討論產生前，空間早已更替，永恆的變動才是人類在地球上創造的永恆不變。而這本書蒐集、介紹這些曾經存在於世的臺灣建築故事，正是希望留下人類情感與記憶寄託的證明。

書中介紹的臺灣建築多數已不存在，反映建築實難永存於地表的定律（少部分尚存做為補充說明的案例未詳盡介紹，因為它們的故事還有很多被訴說的機會）。而書中所挑選的案例，大多屬於公共建築，或是提供信眾使用的宗教建築，從設計到營造的階段，完全反映業主與設計者希望傳達的意識形態與匠心技藝。但是，當這些建造給群體使用的建築落成並交給民眾群體後，隨著歲月、庶民生命經驗於其上累積，使用者增添賦予全新生命的意義，以至於面臨拆除消逝時，反而時常由民眾發起保存運動，空間象徵意義的詮釋權移轉，從反映政府意志的教化意味，成為民眾對自身記憶的緬懷及捍衛。

本書延續前作書名，借用位於日本愛知縣博物館明治村概念，將臺灣未能完成、未能完整保存的經典建築重現於紙上，丁目（ちょうめ）是日本地方團體單位市町村下的區域劃分單位，也是博物館明治村的分區命名，臺灣也曾經使用，戰後改成「小段」，就像消失建築被從臺灣的地圖上抹去。本書以建築機能區分為六章節，並利用所介紹之案例進一步說明建築配置格局或風格形式。雖難以見到豐富的臺灣建築史全貌，期能略窺臺灣建築與世界交流的多元性。

在文章集結的過程中，感謝眾多平臺不吝收留，從王秀蘭編輯邀約的《國語日報》開始，吳宜晏老師、顧庭歡、何凭融的欣傳媒建築設計頻道「欣建築」，林穎資邀約的「眼底城事」，姚銘偉主編的《季刊 薫風》等，衷心感謝臺灣日漸重視自身存在證明與歷史軌跡的社會轉變，也感謝眾多在建築與文史專業界耕耘的先進前輩，累積無數知識資源，都是組織成文的養分；感謝編輯黃筱威的細心校修，最重要的是感謝培哲，以細心的考證、深厚的功力和多元的創作風格，賦予這些或已改變面貌、或已不存在的臺灣建築重新在紙上復活的機會，像是努力把已遠離的朋友形象留存於記憶，也是在早已習慣房地產廣告以浮誇宣傳建構幻夢的臺灣社會中，同樣透過圖像想像，卻是以回望角度勾勒未來的路。

建築做為人類的生活場域，從來就不可能將其物質型態永遠凍結在某個時間點，即便保留下來指定為文化資產保存修復，也難以百分之百真正還原到某個年代，充其量僅能反映整修當下對於某個年代的認知、想像和技術回溯的掌握，保存老建築，其實是個完全活在當下，忠實呈現「現時性」的行為。人類想要凍結某段時光與記憶，其實是一種違反自然法則的狀態——此心態包含對於過去的沉湎，以及對不確定未來的不信任——然而這也是人類情感中非常重要的部分。畢竟總有一些永恆的事物，如珍珠如鑽石般，在歷史沙塵中隱約透露出人類文明的光芒，期許這本小書能記錄些許這樣珍貴的情感，促使還沒完全消逝的珍貴遺產，能在這個世界上再留久一點，而面對不可避免的消逝，我們也能盡可能使過程更具品味。

擦身而過的豐沛時代

鄭培哲

在繪製這些建築時都是單棟單張分開畫，整理起來除了驚訝拆除數量如此之多的事實，更多時候是看見這些建築，如果留存至今的會有的各種可能性，那些建築套用現在的方式活化，每個都會以充滿風格的姿態出現在我們的生活之中，商圈或小鎮自然有特色，相關部門也不用費心思努力找出特色推廣。

書中白底的圖以呈現建築為主，有底圖的建築則是表現出建築如果在現在的時空出現時的可能，細節和風格也會再依照不同建築類型做一些調整。

邊畫邊檢視這些建築的細節時，也看見許多建築反映當時的技術和風格，那樣豐沛的創作能量，也需要由那樣時空背景的工匠才做的出來。看到這些未曾見過即消失於世上的拆除案例，也會思索如果拆除時間再晚一些，自己能親眼看到這些建築會是多棒的事！

回顧消失的歷史，有許多案例最後重建成平凡的建築成為商品，這也能提醒現在的我們，還有哪些事物是必須去珍惜與重視的，透過看這些建築案例也希望大眾能思考，我們需要怎樣的城市和我們希望所處的環境往怎樣的方向走。

也許我們能選擇多留下一些故事和感動給下一個世代，也希望透過這本書讓更多有價值但還未修復或尚未被重視的建築，原有的價值能被大眾看見。

第1章

中央官廳‧營造彰顯權力的天際線

中國傳統建築無論空間機能為何，屋頂的形式與構成大同小異，而是以屋頂上的紋樣裝飾，細緻的區分出民居、衙署到宮廟，因而從城至鄉的天際線景觀，皆為平緩和諧的相近造型。但西洋公共建築的屋頂，則以迥然不同的形式反映內部空間的各種機能，成為人造環境中的醒目地標。此種特色，也呈現在原屬東方社會、明治維新後經過西化改造的日本，並成為執行都市計畫時展現治理成果的利器。然而，具體的治理成效並非一蹴可幾，日人初到臺灣，剛開始生產累積經濟資源的時期，官方單位沿用清朝建設做為辦公場所的情況相當常見。

1 清代遺風衙署建築群

舊臺灣總督府

最高行政機構總督府，最初進駐清代臺北城內的欽差行臺（籌防局）、巡撫衙門、善後局、布政使司衙門等衙署群，分別做為總督府民政局、近衛師團司令部（後為海軍及陸軍局）使用。直到佐久間左馬太總督決議於今日總統府的位置新建廳舍、明石元二郎總督任內落成遷入，日本時代已經過了一半，前七任武官總督，都在中國氛圍濃厚的清代衙署群內辦公。

一九一九年，臺灣總督府新廳舍落成，次年臺灣軍司令部新廳舍落成，臺灣最高軍政首長終於可以從陪伴他們二十五年的清代官衙陸續搬出。舊廳舍暫借新成立的高等商業學校及農林專門學校使用，並做為營林局林務手講習會場，後來陸續由臨時國勢調查部、盲啞學校及南署使用，也成為始政三十年紀念展覽會會場。不料，當主政者為了貫徹市街改正計畫，預定拆除舊廳舍、打通現在的延平南路時，卻遭到體制內意想不到的反彈。

首先發難的是官房營繕課技師栗山俊一，他曾經以測繪熱蘭遮城、拯救臺南祀典武廟免於因都市計畫道路遭拆除而留名於世。他在《臺

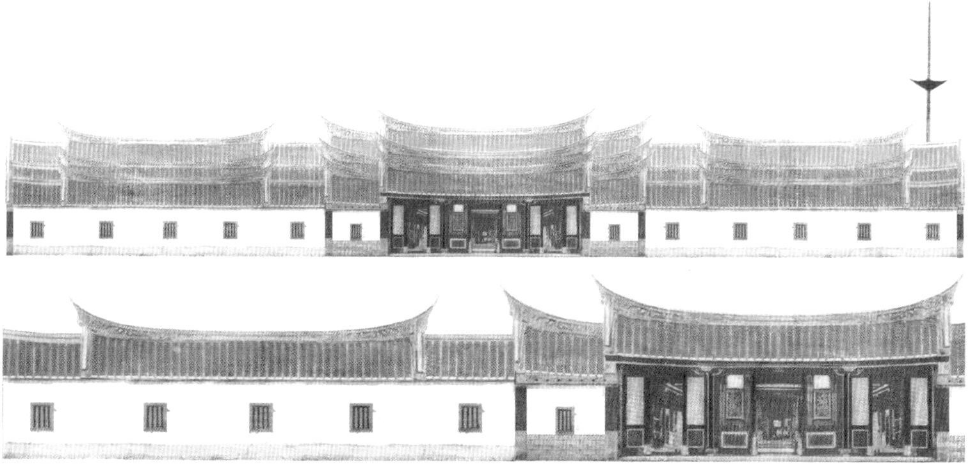

舊臺灣總督府，日本統治初期沿用清代衙署做為官廳，前七任總督都在中國氛圍濃厚的建築內辦公。

灣建築會誌》發表文章說到：

「此建築內，既有歷代總督執行公務的簡陋辦公室，尚有移居不慣亞熱帶之地職員辛勤工作之各部室，充滿當時故事。踏入此舊廳舍，回顧昔日同胞苦心經營痕跡，必當想起為我國民發展奮鬥努力諸勞苦功高之士。

（中略）雖與此廳舍無關，破壞歷史建築而遭世人非議之例比比皆是。（中略）舉近年一例：昭和四年夏天，奈良市欲修築國道，使東大寺內正倉院正門，即奈良時代建造之牌樓門，與正倉院分離，此舉可串聯東大寺及其他重要歷史建築、遺跡，但有違史蹟保護精神，破壞自然景觀，學界評為無謀之舉，奈良縣遂撤回計畫。同樣情事亦發生臺北城內，為修築三線道路將臺北舊城門之一西門拆除，遭有識者譏議，故得以留存其餘四處城門。又如紀念兒玉總督之南菜園，雖費心留存，仍因先前破壞建物之道路貫穿計畫，於屋內留下道路中心定標。相同者，今為修築北門至小南門之直通道路，而欲破壞總督府舊廳舍此一歷史建物，一般皆視如隔岸之火難以想像，冷漠以對，乃世人對實利甚為敏感，精神方面之啟發則全無關心。」

栗山官房營繕課的同事大槻才吉，更把原為清代官衙的舊廳舍提高到歷史及藝術價值層次的討論：「西元七〇〇年，唐朝為亞細亞文化的中心地，亦是日本文化的發祥地……即便中國歷代政治制度組織變遷，建築樣式仍會延續。」甚至提及日本最重要的文化資產伊勢神宮及出雲大社每隔二十及六十年即會依原貌重建的「式年遷宮」制度，說明保存古代建築樣式的文化傳承意義。

最後官房營繕課長井手薰，以相當於今日營建署長的身分挺身捍衛文化資產，在《臺灣時報》上發表論述：「（反對舊廳舍保存者）表示，舊廳舍位於街幅狹窄的市中心地，如今斑駁頹圮的荒涼景況，有礙土地繁榮發展，拆除乃刻不容緩。針對此點，吾等無意強行反駁。若任其荒廢暴露，吾等亦同感不妥。然而，若將此建築予以修繕、重新利用，必將成為市內重要場所，無疑更有助於此區繁榮而無妨礙，期望稍待時機成熟。」

在保存聲浪下，舊廳舍被納入甫於臺灣施行的《史蹟名勝天然紀念物保存法》之保護項目中，井手薰率營繕課積極修復，一九三〇完工後，便成為當年第四回臺灣美術展覽會的會場，有「臺展三少年」美稱的畫家林玉山、郭雪湖和陳進的名作〈蓮池〉、〈南街殷賑圖〉和〈年輕的日子〉等，便在此登場；後來亦舉辦陳清汾、石川欽一郎、楊佐三郎等畫家個展，以及黃土水雕塑遺作展、衛生展覽會等，昔日的軍政重地修復再利用後，成為重要的市民藝文活動場所。

兩年後，新總督中川健藏來臺赴任，決定興建臺北公會堂，紀念昭和天皇登基。基於「對文化資產的尊重」，舊總督府廳舍這一大片清代衙署建築群，經局部挑選後被解體切成三份，分別遷建於圓山動物園、淨土宗臺北別院及植物園。當年北白川宮能久親王駐蹕的廂房位置，則立紀念碑。戰後，國民政府將原位於西門外橢圓公園，由森山松之助設計的民政長官祝辰巳銅像基座搬遷至此碑臺基上，再由雕塑家蒲添生製作臺灣第一尊孫文銅像立於其上，可說是跨國族、跨時空的紀念碑。而舊總督府廳舍從修復到遷移的兩次工程，皆由出身株式會社高石組的林提灶[1]協志商會承攬（即大同公司前身）。

新建的臺北公會堂曾是朱石頭[2]小說創作的舞臺，在他一九三六年寫成的小說《秋信》當中，曾任職於清代巡撫衙門的前清秀才斗文先生再返臺北時，眼前的臺北公會堂，成為懷抱漢文化鄉愁的他對現代化焦慮的象徵。而搬遷至植物園內的欽差行臺頭門、儀門、大堂與部分廂房，則被當作總督府中央研究所林業部熱帶植物標本陳列室，至今仍做為文物陳列館開放參觀。其餘兩處遷移：欽差行臺第三進遷至圓山動物園，一九六七年拆除，後原址改建為兒童育樂中心昨日世界民俗童玩區，現已關閉；而欽差行臺內最具紀念性的第三進東大堂，原清代放置萬歲牌而後做為總督及民政長官辦公室的房舍，則遷建於樺山町淨土宗臺北別院，如今皆已不存。微妙的是，當年公會堂建築仍交由井手薰主導設計，身為具有文化素養又必須貫徹長官意志的技術官僚，井手課長想必心情複雜。

2 支撐總督府運作的官廳群

總督府周邊的臺北城內外核心行政區域，是官方藉由各項建設展示帝國威儀的重要場域，因此，先於總督府落成的許多官方廳舍，都在屋頂加上一層厚重的馬薩式屋頂（Mansard Roof）。馬薩[3]是十七世紀的法國建築師，負責波旁王朝許多宮廷建設，他將萊斯科（Pierre Lescot）發明並運用於羅浮宮的複折構造屋架發揚光大，也就是以兩段式斜面構成的屋頂，創造出宏偉高

馬薩式屋頂與帝國威儀

法蘭西第二帝國的皇帝拿破崙三世，為了面對國內諸多反對勢力，在向外擴張等外交事務方面不遺餘力，同時也透過都市計畫改善城市的公共衛生、交通及居住環境，並由手段強硬的塞納省長奧斯曼[4]執行，將巴黎打造為宏偉的世界首都。

其中一項重要的建築特色，即為遍布全城的馬薩式屋頂。在帝國擴張時期，此種高聳的屋頂樣式隨著法國的影響力來到美洲、非洲及亞洲的殖民地，包括氣候條件與法國截然不同的地區，也成為日本打造首都東京及臺北時大量運用於官廳建築的元素。建築史家將這種象徵帝國威儀的馬薩式屋頂建築稱為第二帝國風格（Style Second Empire）。

根據日本學者三宅理一考證，馬薩式屋頂的造型，除了因為陡峭屋面有助於排雪，符合氣候因素的需求以外，其成因也和稅制有關。當時的法國是以樓地板面積計稅，而屋頂內的閣樓不算地板，因此閣樓內的空間就被妥善運用，裝飾華麗的老虎窗則做為閣樓對外窗。雖然這個理由出了法國之後就不成立，但可知最初在法國，這樣的屋頂通常是運用在二至三層樓以上的建築，反過來說，如馬廄、穀倉、警衛室等單層建築的機能，通常也不需以馬薩式屋頂訴求宏偉壯觀的氣勢。

在日本的模仿案例中，由於空間需求不大，也有不少單層建築運用馬薩式屋頂的做法。如青森縣的帝國陸軍軍人交誼場所弘前偕行社，高聳屋頂只運用於主入口，想必是在一層樓面積即足夠使用的前提下，增添宏偉的視覺效果，但頭重腳輕，比例難免有些怪異。同為明治時代，臺灣也有如臺中小學校（今大同國小）、臺北第四尋常小學校（現址為行政院）等建物，為了與臺人子弟就讀的公學校有所區別而使用壯觀的馬薩式屋頂。

聳的外觀，並增添屋頂內的使用空間。此法在流傳至各國之後，繼續發展出在外觀呈現兩向度斜面及弧面包覆等做法，此形式即以馬薩為名。

舊臺灣銀行、彩票局、土木局

位於總督府新廳舍後方的書院町，也就是現在的博愛路兩側，北起帝國生命會社臺北支店，包含舊臺灣銀行、彩票局、土木局、總督府地方法院與覆審法院等中軸線上的建築，都採用馬薩式屋頂。做為最高權力象徵的臺灣總督府，在競圖過程中，曾有酒井祐之助[5]設計出與巴黎奧賽車站（Gare d'Orsay）相似、帶有馬薩式屋頂的方案進入決選，不過最後採用的是長野宇平治以高塔象徵權力頂點的方案，並由森山松之助修改。

與生命會社遙相對望的舊臺灣銀

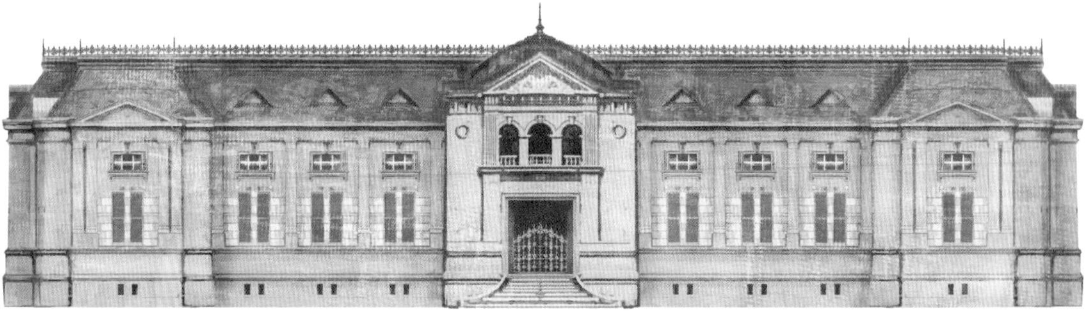

舊臺灣銀行，因木構朽壞而拆除重建。

行，做為日資企業在臺灣主要的貸款債權銀行，一九三七年由西村好時設計的新廈建成，將原本朝西的開口擴建至朝東的本町通（今重慶南路），與總督府和司法大廈新廳舍同向。

由近藤十郎設計的彩票局，仿石造外牆在門窗開口處皆有石砌造型裝飾，淺色外觀加上馬薩式屋頂帶有濃厚的法國風格。後因「臺灣彩票事件[6]」，彩票僅發行五期，彩票局曾先後做為殖產局博物館與總督府圖書館使用。戰爭末期，彩票局受到盟軍轟炸，嚴重破壞至僅存牆面殘跡，幸而大量珍貴藏書事先移出，目前存放於新北市中和的國立臺灣圖書館。原址與臺灣電力株式會社基地合併，由游顯德設計改建為國防部博愛大樓。

一八九六年，臺灣總督府成立營繕機構總理建設業務，最初為民政

彩票局，仿石造外牆在門窗開口處皆有石砌造型裝飾。

局內務部臨時土木部，下轄庶務、土木及建築課，後陸續改制為財政局土木課、民政部土木課、民政部土木局、總督府土木部。層級的升高，反映了日益繁重的業務狀況，而後舉凡築港、灌溉排水、電氣事業、道路開闢、礦務、官廳與官舍的設計，皆由此單位負責。一九二五年，因基礎設施大致完成，改隸會計課營繕係，一九二九年再改隸總督府直屬官房營繕課，一九四三年因應戰時體制，再改隸於財政局之下。

土木局最初設於總督府內，由森山松之助設計的新廳舍，一九〇八年在淡水館（清代登瀛書院）舊址（今長沙街一段）東側落成。紅磚牆體以白色仿石砌框邊增添厚重感，南向正門門廊採用八根從地面直立至三樓地板的愛奧尼克式巨柱，東向則設置八根一層樓高的塔

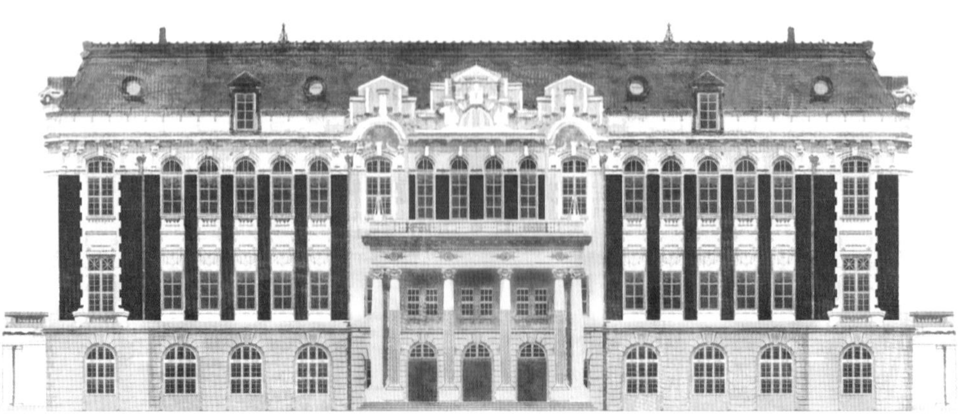

土木局，南向正門門廊有八根兩層樓高的愛奧尼克式巨柱，十分壯麗。

森山松之助：華麗官廳的締造者

森山松之助其父森山茂是明治年間著名的政治家，曾任派駐朝鮮的外交官，擔任日本與李氏朝鮮簽署《江華條約》（《日朝修好條規》）的全權大臣黑田清隆之隨員。後歷任元老院議官、富山縣知事、貴族院議員等職務，並獲封等同貴族待遇的名譽職「錦鶏間祗候」。

一八六九年，森山松之助出生於大阪，但在這樣顯赫的官宦名門，他和父親的關係並不親密。森山松之助出生時，父親在朝鮮，他由姑姑豐子扶養長大。姑丈是著名的薩摩藩士及大企業家五代友厚，提供無虞的經濟條件，但森山卻終其一生淡泊名利，投身自己喜愛的建築設計，或許與和父親疏離的成長背景不無關係。後來在臺灣時，原任臺灣總督府營繕課長中榮徹郎任滿退休，排資論輩理應輪到同期同學森山松之助接任，他卻拒絕：「不要啦！我討厭蓋章，近藤君你來做吧！」而交棒給晚七屆的東大學弟近藤十郎。

森山自幼至東京求學，就讀學習院尋常中學、攻玉社中學、東京第一高等學校（因患肺結核休養故延畢一年），都是全日本菁英匯聚的一流名校，從師長到校友都名人輩出。後來森山進入東京帝國大學工科大學建築學科（今東京大學工學院建築系），師事辰野金吾。同期畢業的同學七人，是菁英匯聚的東大建築中極其優異的一屆，後來皆成為日本建築界棟梁：包括畢業總成績與森山差距〇．七分而居第二名的武田五一，曾參與臺灣神社設計，後被尊稱為「關西建築之父」；片岡安與其師辰野金吾於關西開設辰野片岡建築事務所，是大阪中央公會堂的實施設計者；山口孝吉任職東京大學營繕組，現存作品有東大理學部化學館；中榮徹郎曾來臺擔任總督府營繕課長，主導臺北城內市區改正；松室重光曾任職京都府與關東都督府，現存作品有京都府廳、京都武德殿、大連市役所及旅順博物館；中川鐵彌曾任佐世保海軍經理部技師，參與橫須賀鎮守府海軍工場建置。

森山的大學專題研究為屋架結構力學，畢業設計作品是一座哥德式風格的大學講堂，研究所則專攻暖房換氣等空調設備，對新式建築材料及設備抱持高度興趣，從斯干式柱，視覺效果壯麗無匹。

土木局廳舍建築，後來由與臺灣銀行株式會社、臺灣拓殖株式會社並稱「三大國策會社」之一的臺灣電力株式會社進駐使用。該會社於第三任社長松木幹一郎[7]任內建樹最豐，陸續完成日月潭第一、第二發電所，為當時亞洲第一與世界第七大發電所，並啟動北部火力發電所、霧社水力發電等計畫。戰爭末期遭到炸毀後拆除，由於基地位置考量，與總督府圖書館合併基地重建為國防部博愛大樓。

臺北電話交換室、交通局遞信部

臺北電話交換室建於一九〇九年，由十川嘉太郎和德

大學到研究所的畢業總成績都是同級第一名。一八九七年畢業後的第一份工作是第一銀行事務所建築係囑託（約聘顧問或專案特派），一九〇〇年又任東京齒科學校的理化科講師及東京高等工業學校建築學講座講師，期間完成日本建築沿革史、建築材料、建築施工法、建築構造強弱學等建築學攻究會發行的講義。

森山個性浪漫，擔任講師時頻繁出入遊廓，並愛上一名藝妓西尾朝，耗資過鉅被父親切斷父子關係，只好寄宿建築家岡田時太郎家，得到在岡田工務所見習的機會，森山在臺灣時正式迎娶西尾朝為妻。由於求學期間往來皆為名流貴冑，今上天皇的外祖父久邇宮邦彥王即為森山在學習院的學弟，故後來森山在一九二四年受委託設計久邇宮御常御殿。

岡田時太郎於一九〇五年前往滿洲，森山再轉寄宿摯友血脇守之助家。血脇是日本齒科教育先驅，繼承森山姊姊愛子夫婿高山紀齋創立的高山齒科醫學校，改名為東京齒科醫學校，聘請森山設計自宅和校舍。與血脇同為醫學專業背景的友人後藤新平，時任臺灣總督府民政長官，有次拜訪血脇，很欣賞齒科學校的新校舍和校長宅邸，詢問建築設計者是誰，從此改變了森山的職業生涯及臺灣公共建築風貌。

當時在東京已有正職工作的森山，除了老師辰野金吾的鼓勵之外，更因其旺盛的創作企圖心，受到後藤新平的勸誘來臺發展。後藤告知臺灣總督府即將舉辦日本第一個全國競圖：臺灣總督府新廳舍設計方案競選。直到臺灣總督府竣工，已在臺灣設計大量名作的森山表示「臺灣已經沒有什麼可做的了」，遂於一九二七年辭官返日，在東京開設建築師事務所。

除了總督府營繕課的工作之外，森山在臺灣期間不願擔任行政職務，全心進行設計。自一九〇七年來臺至一九二七年離臺期間，包括大阪商船基隆支店、土木局廳舍、臺北水源地設施及長官官舍、縱貫線通車式設施、臺北電話交換室、水道課長官舍、臺南郵局、總督官邸改築、臺南地方法院、鐵道部、臺北廳、臺中廳、臺南廳、臺灣總督府、專賣局、遞信部等，森山傑作不斷，相較於小野木孝治在臺灣的作品幾被拆除殆盡，森山的許多作品仍留存至今而被指定為國定古蹟，是日本時代官方在臺灣留下最鮮明的建設印記。

見常雄擔任結構技師，是森山松之助甫來臺擔任總督府營繕課囑託第一年的業績，也是他在臺灣的第一件永久建築作品。如同出自日本近代建築教育體系創建者孔德（Josiah Conder）之手的上野博物館和鹿鳴館，立面混合伊斯蘭風格柱廊與義大利文藝復興府邸拱圈，可歸類為歷史主義的樣式，構造卻是日本領土內第一棟全棟鋼筋混凝土建築，兩年後才有三井物產橫濱支店採取同樣的嘗試，可謂時代先驅。也因為是電話交換機房，機能至上的半廠房建築並未採用馬薩式屋頂，而是明治時代核心官廳區公共建築較少見的平屋頂，僅於立面中軸線上凸起三角山牆強化官廳意象。

　雖然古羅馬人早已懂得將火山灰和生石灰做為建材的接著劑（史稱Roman Architectural Revolution），法國人也在十九世紀中就發明了現代意義的鋼筋混凝土構造工法，但總督府當時正因應著蟻害而施行公共建築廢止木造的政策，信賴磚造才是堅固耐用的主流構材，對於不熟悉的鋼筋混凝土能否恆久矗立抱持很大的懷疑。電話交換室建造期間，辰野金吾和伊東忠太來臺勘察臺灣總督府新廳舍預定地時曾勘訪此案，亦對這種在日本內地未曾嘗試過的大膽做法嘖嘖稱奇，完工後也不敢馬上將電信機具擺進去，而是先在二樓堆滿了木材，經過一段時間驗證構造強度後，才讓人員和機具進駐，不過後來覺得沒有推行必要，在日本也只有零星建案，直到關東大地震後，才發現明治維新以來舉國信賴的磚造竟不如鋼筋混凝土穩固，才全面推廣。

　一九三七年，由鈴置良一設計，位於書院町二丁目的第二代臺灣總督府臺北電話局落成啟用，現為臺

臺北電話交換室是全日本領土內第一棟全棟鋼筋混凝土建築。

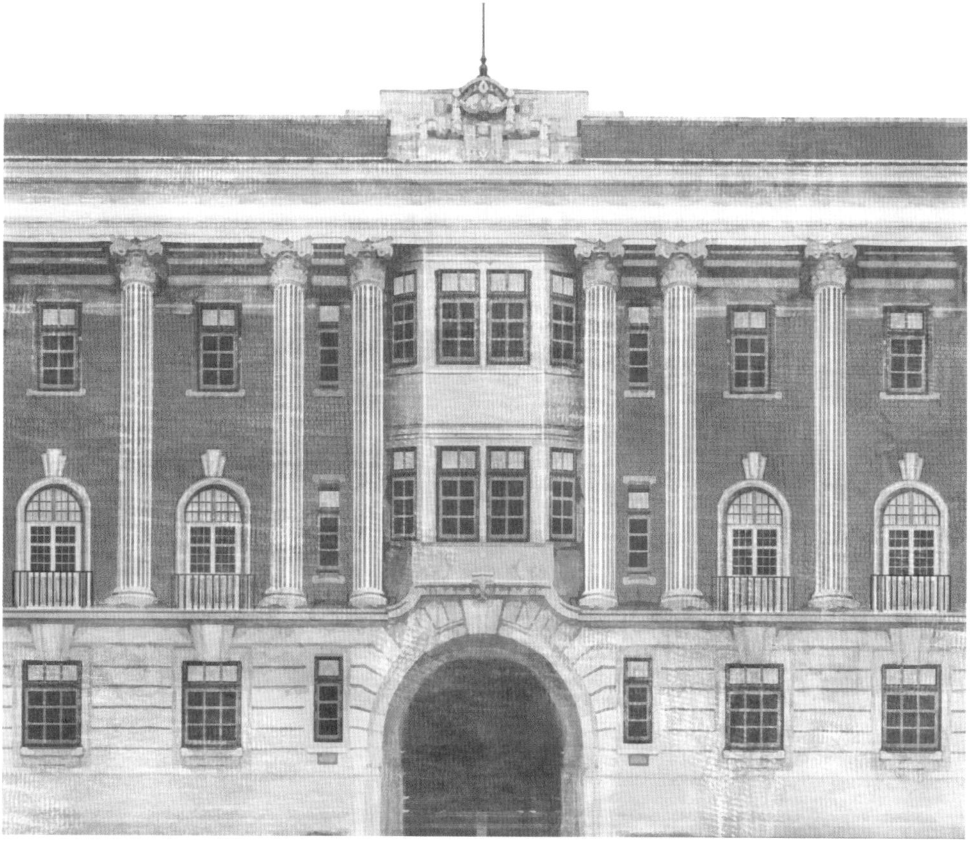

遞信部風格與森山松之助早期設計的土木局相呼應，但採用平屋頂。

北市市定古蹟。而原臺北電話交換室則陸續由總督府殖產局附屬商品陳列館事務所、交通局鐵道部臺北驛派出鐵道案內所、臺灣貿易振興株式會社等單位使用。攝影師鄧南光的戰後作品中，從桃源街望去，仍可見佇立於衡陽路上的電話交換室，但後來拆除新建為台肥大樓（現兆豐銀行）。至東側由井手薰設計，一九二七年建造的臺北信用組合則留存至今，現為臺北市市定古蹟。

如今，臺灣的城鄉風貌，舉目望去皆為鋼筋混凝土構造，但民眾對於「第一棟」鋼筋混凝土建築的記憶卻普遍模糊。或許有朝一日，「最後一棟」鋼筋混凝土建築被拆除的時候，這個對「第一棟」鋼筋混凝土建築的出現完全沒有探索歷史和記憶欲望的社會，也不會有太大的感覺。

森山松之助離臺前的最後一件作

品是遞信部廳舍，選擇拆除他自己位於土木局正對面的住所原地興建。和臺北電話交換室同樣是全棟鋼筋混凝土構造並採用平屋頂，落成於開明的文官總督下村宏任內。但基地廣大的遞信部廳舍，為了與森山自己早期的作品土木局大門相對、相互呼應，仍採取不對稱配置的格局，並且同樣運用貫穿多樓層立面的巨柱式（Colossal Order），在總督府後街道（今長沙街）兩側共同形塑從城西通往權力核心的威嚴大道。

大正年間，行政步上軌道，政情逐漸穩固，不再需要以厚重的馬薩式屋頂象徵政權。在建築風潮、材料與構造法演進等條件配合下，官廳逐漸捨棄西方歷史主義的視覺訴求。遞信部與土木局同為森山松之助作品，即是以平屋頂的表情與之對望，僅同樣運用科林斯式柱頭[8]的巨柱式列柱與仿石砌拱門，相互呼應。顯見歐洲以樣式彰顯建築機能的十九世紀遺緒，也在二十世紀初期的臺灣走入尾聲，國家的治理意志，將越來越難從官方建築的造型中體會。

總督府覆審法院、臺北地方法院

延此軸線再往南走，在東側的則是典型陽臺殖民地樣式的總督府覆審法院與臺北地方法院，由出身工手學校的總督府技手八島震與長谷川熊吉設計，澤井組承建，刻意在中廊局部運用常見於馬薩式屋頂的老虎窗，強化法律機構威嚴，而正對面的參謀長官邸和臺灣守備混成旅團長官邸，也是兩座可從圍牆外窺見精美屋頂裝飾與造型的官舍。

一九三四年，由營繕課長井手薰主導設計、重建臺灣高等法院大樓，將正面改為朝東，與總督府新廳舍

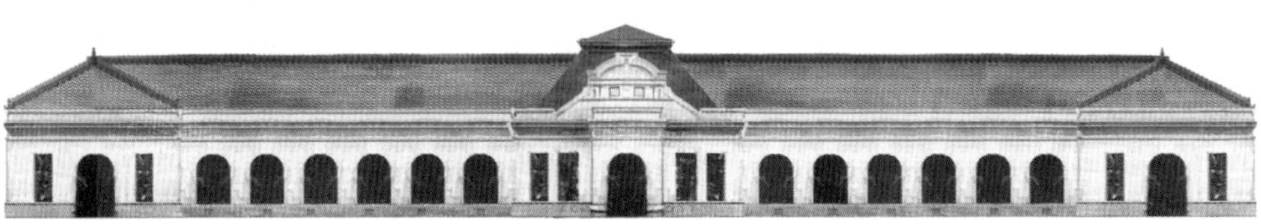

上｜總督府覆審法院，在中廊運用常見於馬薩式屋頂的老虎窗，強化法律機構威嚴。

下｜臺北地方法院為典型陽臺殖民地樣式

同面，加上最後完成的臺灣銀行新廳舍，一字排開成為面向城市發展方向的帝國新面具。

3 東三線道旁的帝國風景

另一條馬薩式屋頂軸線，一步出臺北車站便龐然立於眼前——華美無匹的臺灣鐵道飯店，向東行至壯觀的東三線道（今中山南路），從臺北州廳廳舍、總督府中央研究所到總督府醫學校，總長七百五十公尺的大道旁，馬薩式屋頂一字排開，展現官方權威。一路至醫學校對面的府前大道北側，由出身日本建築界的法國派主要人物山口半六事務所的宮尾麟，決定了臺灣總督官邸使用馬薩式屋頂的法國風情。這些官廳向西與將來的總督府新廳舍基地遙相對望，圍塑出一個巨大的軍政權力核心。而刻意被保留的清代臺北府城閩南式燕尾的景福門城門樓，夾在這些宏偉的西洋建築其間，就像個小巧的玩具。十九世紀，奧匈帝國的首都維也納拆除城牆建造環城大道，由專業者掌控建構以及傳達階級價值，為服務及榮耀中產階級的小康人士而設計，沿著大道建造國會大廈、市政廳、大學，以及洗去新主流階級卑下出身的歌劇院和博物館。貴族和成功商人們，更競相沿街修建豪華的府邸。

臺灣總督府拆除各地城牆的意識形態背景，與維也納及十九世紀歐洲各城拆除城牆時的社會情形和目的相似，同樣是欲藉由壯麗的公共建築構成的街道景觀，對於傳統東方的前現代社會進行品味教化。坐在人力車及汽車中看著沿大道開展的各式官廳，就好像一幅幅代表文明與強盛的畫片從眼前流動而過。

中央研究所、赤十字社臺北支部

東三線道旁負責官方最高學術研究與詮釋的總督府中央研究所，由後來至滿州國發展、比森山松之助小兩屆的東大學弟小野木孝治所設計，充滿法國文藝復興風格的廳舍，其中軸主棟局部使用馬薩式屋頂強化視覺焦點，戰爭時翼廊受損，戰後持續使用。一九七一年時拆除前半新建王大閎設計的教育部大樓，一九九六年則拆除後半翼廊，新建陳其寬設計的中央聯合辦公大樓。

中央研究所南側的赤十字醫院，正對著臺北醫院與總督官邸間的街道，以尖塔做為視覺焦點。緊接著是近藤十郎設計、同為馬薩式屋頂的總督府醫學校。再往南則是同為小野木孝治設計的赤十字社臺北支部，該社前身為博愛社，成立於

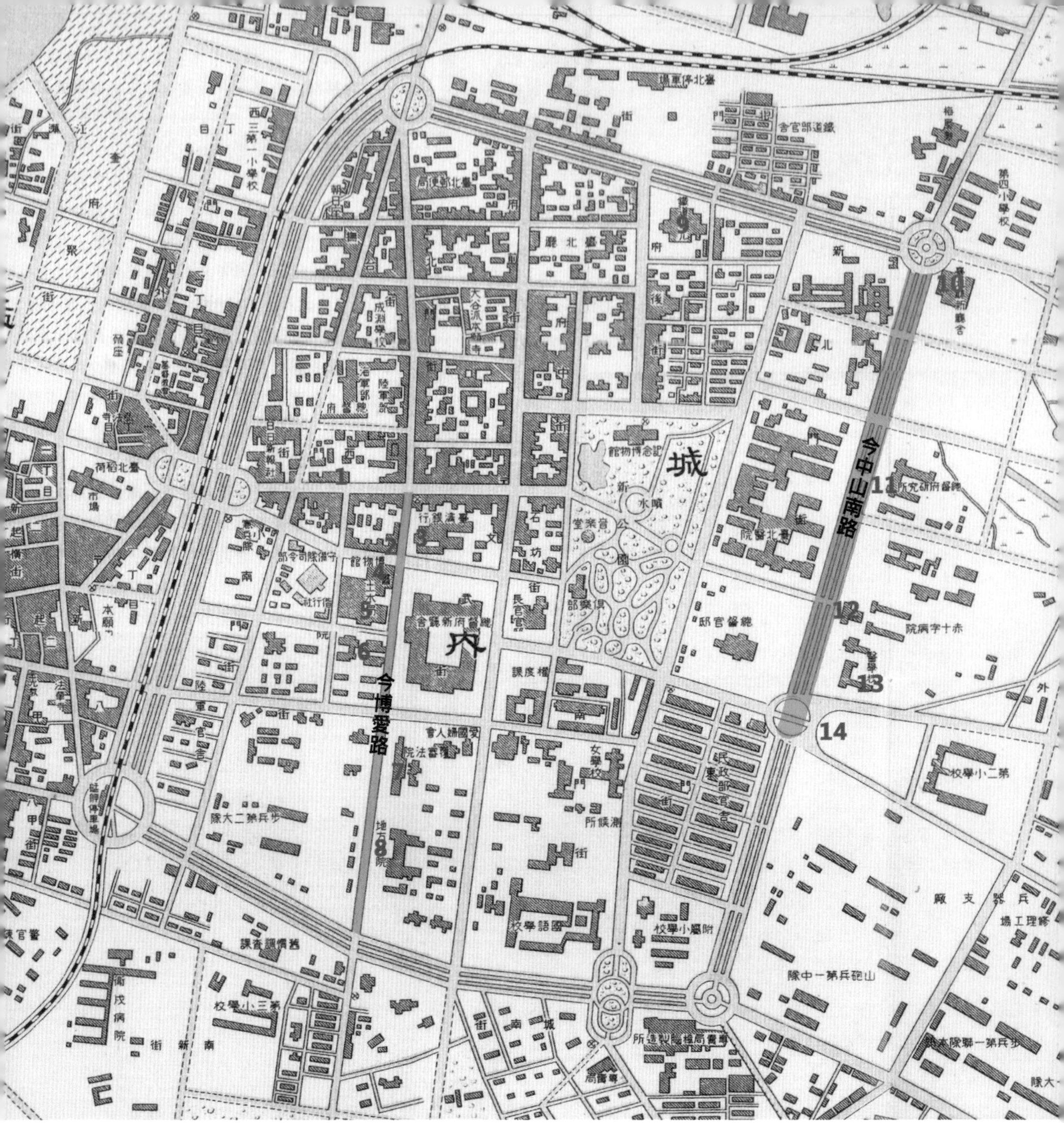

日本時代臺北的兩條馬薩式屋頂軸線（1914 年臺北市街圖）

1 臺北電話交換室
2 帝國生命會社
3 舊臺灣銀行
4 彩票局（圖上標註博物館，為其做為殖產局博物館時期名稱）
5 土木局
6 遞信部
7 總督府覆審法院
8 臺北地方法院
9 臺灣鐵道飯店
10 臺北廳
11 總督府中央研究所
12 赤十字醫院
13 總督府醫學校
14 赤十字社臺北支部

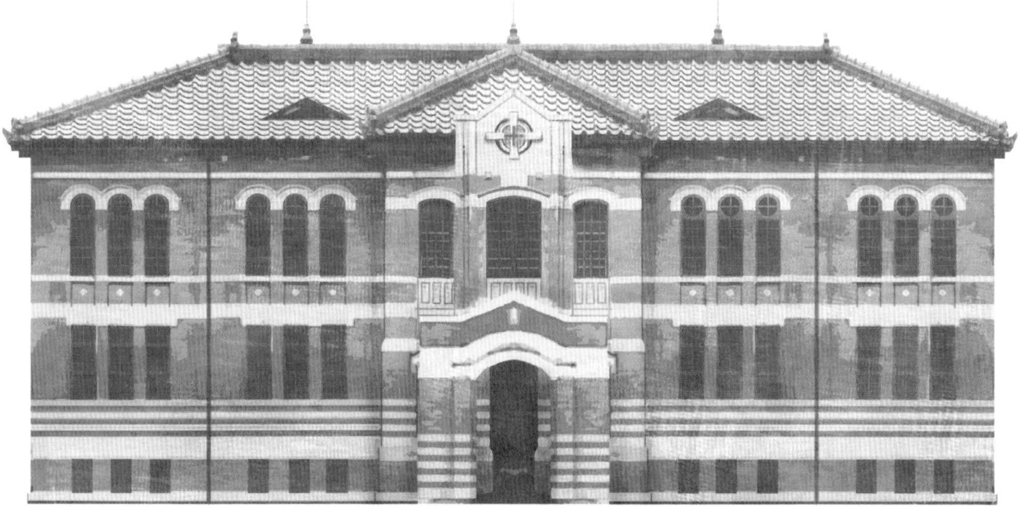

上｜總督府中央研究所主棟局部使用馬薩式屋頂強化視覺焦點
下｜赤十字社臺北支部與東京本部同樣採取以紅磚為主的英式風格

一八七七年，一八八六年加入日內瓦條約後改名日本赤十字社，是一個由皇室援助、陸軍省和海軍省管轄的人道組織，由皇后為名譽總裁，皇太子為名譽副總裁。

一八九五年，赤十字社隨軍來臺設立日本赤十字社臺北委員部，次年成立臺北支部，民政長官任支部長，屬於總督府轄下單位，建築亦由小野木孝治設計。延續妻木賴黃設計的赤十字社東京本部，臺北支部採取以紅磚為主的英式風格，飾以白色仿石帶飾，與總督府隔著東門遙相呼應，與總督府同樣未採用馬薩式屋頂，可視為建築呼應都市計畫的對話。

戰後，赤十字社由國民黨接收做為中央黨部並增建後棟，一九九四年國民黨欲拆除新建新黨部大樓，由各大專院校師生群起抗議，並至黨部前上課表達保留決心，但最後仍在市政府略過都市計畫審議、放行背書下，遭國民黨徹夜強拆。一九九八年在原址重建新黨部落成，由李祖原建築師設計，二〇〇六年轉賣給財團法人張榮發基金會做為長榮海事博物館。

4 馬薩式屋頂的東亞運用

馬薩式屋頂在臺灣的內部空間運用有其限制，因為濕熱的氣候條件，屋架內過熱而無法做為閣樓，有天花板的洋式建築室內看不到屋架，而老虎窗的用途也只在於整體造型美觀及保持屋架通風乾燥，因此馬薩式屋頂幾乎只有傳達建築象徵的意義，不具實際使用機能。同時期處於高緯度日本本土的此類建築，照理來說，氣溫夠低就可以大開老虎窗做為閣樓使用，然而其屋頂卻和臺灣一樣，僅做為整體造型考量的裝飾而已。這或許可以從東西方建築文化意涵的歷史脈絡來觀察。

儒家、漢字、佛道教等文化圈屋頂內的空間，是人神之間的曖昧距離，所謂「舉頭三尺有神明」，東亞人將屋頂內視為神靈的空間，凡人不可僭越，許多廟宇的佛像甚至從臺座起就直達屋頂之下，如中國天津薊北獨樂寺觀音閣、日本京都宇治鳳凰堂等，若有閣樓則大多用於儲藏，絕少將屋頂內當做主要活動空間，也不會在屋面上大開窗戶採光通風——因為反曲線條的屋面，是為了承接「天圓地方」觀念下圓球般的「天」。或許出現在臺、日的法國馬薩式屋頂內空間不做閣樓，可歸因於東亞人在擬洋外表之下，仍延續著這樣的文化遺緒。

既然外觀造型只是象徵，日本時代的建築家在運用馬薩式屋頂時，對其外觀所象徵的建築機能和意涵的琢磨便很精準。十九世紀美國著名雕塑家及藝評家霍雷肖・格里諾（Horatio Greenough），對於新大陸建築師去脈絡化的搬抄歐洲建築風格、不深究內涵的作法深惡痛絕，他認為，拿雅典神廟的山牆去裝飾工廠的外觀是對於風格的褻瀆，並早於沙利文（Louis Sullivan）提出形式必須符合建築功能、不可隨意挪用的理論，很長一段時間被美國建築師奉為圭臬。日本明治維新以後的建築專業者，在御僱建築家孔德（Josiah Conder）擬定的教育方針下也深知此理，選擇建築風格時，除了理所當然的美感考量外，符合機能象徵的形式意義同樣不可或缺。

臺北廳、交通局鐵道部

以森山松之助的官廳作品為例：

上｜臺北廳也以高聳屋頂做為民眾仰望的地標
下｜總督府鐵道部採用角度較平緩的英式單斜頂

臺北、臺中、臺南三廳廳舍，做為層級最高的地方行政機構，皆採用馬薩式，儘管只是整體造型的裝飾，也以高聳屋頂做為民眾仰望的地標；但同時期所建，規模相近、入口同樣位於路口轉角的對稱配置，亦同樣設雙衛塔增添官方威嚴的總督府交通局鐵道部，卻使用角度較平緩的單斜頂，而非複折屋架的馬薩式屋頂。或可推斷森山考量鐵路源自英國，選擇英國式而非法國式的屋頂做法，也區隔出綜合性行政官廳與專業技術機構的建築表情。

5 臺北設市及代議制度里程碑

日本時代在臺北城東三線打造的帝國風景，向北走到與北三線交會的「臺灣公路原點」，曾經設置以執行嚴刑峻法而聞名的行政長官大島久滿次銅像鎮守，戰後大島長官的銅像座上，更換為雕塑家蒲添生製作的蔣介石總統戎裝像，延續統治者的威權意象，隨著街道被賦予新的名稱，此路口也成為臺北市東、西、南、北方位分界的中心點。之所以選擇這個路口，乃因坐落於東北側的臺北市役所，戰後成為臺灣省行政長官公署的辦公廳舍，象徵統治全島的中心點。

臺北市役所、舊臺北市議會

一九二〇年臺北設市（臺北州轄下的臺北市），為臺北州州治、也是臺灣總督府所在，因而有「島都」稱號，創立時轄屬包含今日萬華、大同、中正、中山及大安等區，一九三八年擴大至今松山、信義區。預見日益擴大的市治範圍，一九三七年臺北市尹石井龍豬任內開始建造專屬辦公廳舍，擇址於臺北州廳北側的樺山尋常小學校，由營繕課長井手薰設計，林焜灶的協志營造廠承建，一九四〇年木原

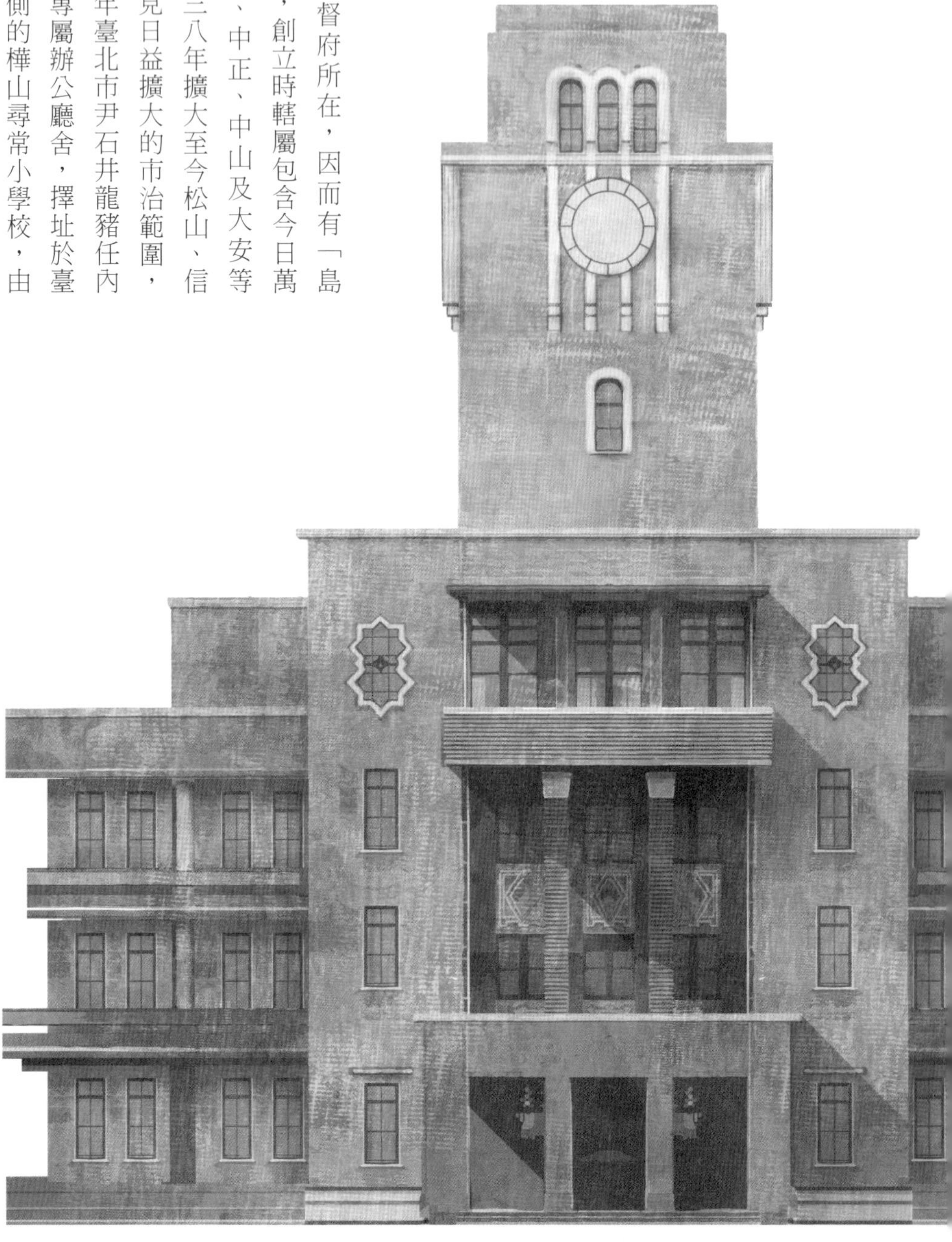

臺北市役所，戰後成為臺灣省行政長官公署的辦公廳舍，象徵統治全島的中心點。

圓次市尹任內竣工，次年正式啟用，市尹也更名為市長，木原圓次便成為首任臺北市長。臺北市役所廳舍基地面積達七千多坪，樓高四層，局部設地下室，總建坪為三千三百七十一坪，雖為地方行政廳舍，但是由國庫補助，預算超過一百五十萬日圓的首都重要設施，仍由總督府營繕課擔當規劃設計。新廳舍強調水平線條，但仍維持官廳中軸線對稱配置的折衷樣式，構造為鋼骨及鋼筋混凝土，外牆覆二丁掛及小口面磚。從「臺北市廳舍新營工事計畫圖」可見中軸線上原計畫設置一座高聳鐘塔，與一九二五年由武田五一設計的京都大學吉田校區時計臺非常相似，延續臺灣總督府統治威權意象，後因戰時鋼筋混凝土管制及避免成為空襲目標而未建。

臺北市役所的斜對面，公路原點的西南側街廓，曾經存在一棟重要的議會建築，足以見證核心官廳區在戰後的建築風格遞嬗。

戰後初期，為奠定地方自治基礎，臺灣省行政長官公署於一九四五年公布《臺灣省各級民意機關成立方案》。一九四六年，根據國民政府公布的《市參議會組織條例》及《參議員選舉條例》，成立臺北市參議會，於原臺北公會堂進行議事。一九六四年落成省參議會議場，一九六七年臺北市升格為直轄市，一九六九年成立第一屆直轄市議會。

臺北市議會基地原址，為清代富商洪騰雲之家族地產。洪騰雲有感於北臺考生需遠赴臺南應試，於是在一八八〇年捐地、捐工及經費興建考棚。而後劉銘傳又在考棚地內設立官醫局、官藥局、養病院等公共建設，土地包括今日臺大醫院的一部分。清廷因洪騰雲之義舉，加上捐助臺北城牆地基與行署，共計超過千兩，故於一八八八年依大清慣例頒給「急公好義」字樣，並飭令自建牌坊於臺北城內石坊街（今衡陽路近重慶南路處）。日本時代，此牌坊遷至新公園內，考棚則被用作軍營，一九二四年拆除改建為臺北州知事官舍。

戰後的臺北市議會自一九五〇年開始運作，最初使用原臺北公會堂議事，一九六四年始進駐新建的市議會大樓。臺北市議會新建築由臺北市政府工程處設計，建築師高而潘[9]任職基泰工程司時擔任設計顧問。議會採用扇形平面議場，並反映於外型，回應位於路口面相轉角的城市表情，放眼臺灣地方自治史，屬於極為特殊的案例。

在議會建築設計中，「民主的傳統」是最重要的表現元素。議會空間的歷史最早可以追溯到古代希臘雅典城邦普尼克斯（Pnyx）的公民大會，這是一個由土牆環繞，類似劇場的開放式扇形空間，有固定席位，常務委員會每年定期於此召開大會，共同討論城邦立法等公共事務；集會場所的中心是演講臺，演講人與在場的參與群眾可以互相觀看、對話，被認為是近代多數決政治的前身。此種政制模式，確立了雅典做為其他城邦民主政體的示範地位，這種空間也被賦予了開啟民主先河的象徵意義。

近代議事空間的再度出現，首先於英國。因為英國是現代民主和議會制度的發源地，其觀念隨著國力的發揮影響，議會空間的需求與概念也傳播至全球。若分析英國議會建築，會發現兩種不同的設計類型：一種如愛爾蘭議會使用半圓形的空間，另一種則如西敏寺內部使

舊臺北市議會採用扇形平面議場，是臺灣極為特殊的案例。

用長方形的議事桌。這兩種不同形狀的議事廳，在會議中造成截然不同的效果：長方形會議廳擺明了對抗的架勢，從空間上區分出左派和右派；扇形議院則加強了在場全體參與共決的功能。理想的會議進行應該聚焦於議題本身，而不是派系對抗，所有人都朝向圓形建築的中心發言，代表注意力和情緒都集中於一點。

由於現代民主不再按照階級高低解決紛爭，而是透過各個政黨與派系的結盟、對抗、辯論和協商來尋求支援和共識，因此，座席不宜太過寬敞舒適，以加強民意代表集中注意力。此外，狹小的座位設計，也有製造盡早離開的壓力、加速議事與法案審查效率的效果，同時便於媒體捕捉議場全景，讓民意代表在社會監督下，提高出席率和討論盛況。

由這些面向考慮，這種空間的設計並非不夠人道，而是工作性質所致。這些議會空間的準則與特色，皆充分反映在當時臺北市議會的議場中，反觀今日的新議會空間反而太過寬敞乃至鬆散。一九九〇年，市議會遷至信義區新廈，舊址曾改為臺北市中正第一分局，但二〇〇七年中正一分局遷至公園路現址後，舊市議會建築便長期閒置。

一九六四年議會落成，其圓弧形外觀反映著內部扇形議場的空間，現代主義的分割立面，以交錯的長條格狀遮陽板填充。後期因過度曝曬或缺乏私密性，將局部遮陽板等距改建為封閉牆體，僅保存部分長條格狀遮陽板。整棟議會建築由兩組量體組成，前為行政及議員辦公空間，後為議場，這樣的造型，呈現現代主義「型隨機能」的理念。門柱大量使用大理石板做為裝飾材，見證了一九六一年榮工處大理石廠在花蓮設廠後大量開採運用的歷史。而在中正一分局時期，原本議會開敞的三開間大門入口也被縮小，僅留中門通道，其餘開間封閉為牆體，也訴說著不同空間機能的表情差異。

二〇一四年，郝龍斌在臺北市長任內，計畫將此樓拆除並招商開發做為商場旅館，僅部分分回市府做為市立交響樂團練習及表演場地。此種著眼於地產收益的政策，完全違背當年洪家捐地的公益初衷，也將因此拆除值得保存活化的高而潘作品。爾後，柯文哲市長延續政策，也否決了民間將市議會提報為文化資產保存的訴求，並以市府早在二〇〇五年的文化資產會議中，即決定不指定也不登錄為文化資產做為回覆，忽視十多年來社會定義及文化資產價值變動的觀念調整。

最後，舊臺北市議會仍在柯文哲市長的開發思維下，於二〇一六年初遭到強硬拆除，反映當代對於現代主義資產保存視野的欠缺，以及對城市發展可能性的狹隘想像。而在舊議會被夷為平地後，市府不斷下修權利金，仍五次流標，代表此地根本缺乏市府預想的商業誘因。即使在二〇一七年底終於完成招商，得標開發商所提出的新大樓方案，也完全看不到市府原本承諾還原的舊市議會意象，反而在外觀拼湊臺北廳（監察院）的西洋歷史主義建築元素，絲毫不尊重基地的歷史紋理概念。而這棟原本佇立於十字路口，與對面一九一五年落成的臺北廳、斜對角一九四〇年落成的臺北市役所相望，見證臺北行政史演進的重要作品，因缺乏文化視野的地方治理而灰飛煙滅，令人惋惜不已。

第2章

地方廳舍：官方權威形象的延伸

1 行政制度沿革與表情塑造

日本時代因為施政需要，歷經縣治時期、廢縣置廳等多次行政區劃，一九二〇年田健治郎[1]總督時期大致底定西半部「州─郡─街庄」三層架構（商業活動聚集、人口密度高者為街，鄉村田野人跡稀少為庄，但人數沒有一定標準），「確立臺灣統治的永久根本法」，藉由地方行政機關推行政策，合理分配國庫開支，透過郡掌握街庄動向，逐步嘗試地方自治，並加以控管導正避免演變為民權運動。有趣的是，日本在飛鳥時代大化革新後始設「郡」級行政區，明治維新以後為簡化行政層級而逐步精簡，但臺灣反而增加此層級，其中治理需求的考量非常值得玩味。

一九二〇年代，臺灣的行政區調整大致有幾項特色：包括郡級被賦予警察權，維持縣治及廳治時期行政兼掌司法的做法以求治理便利，並且大多由日本人出任郡守，承接州級政令推動並統合產業組合、學校、街庄、派出所等組織，強化官僚系統等。

此外，臺灣街庄區劃約為日本內地町村的三倍大，以此確保地方資本能達到一定的水平，因此新建地方辦公廳舍多具規模。除了州廳、郡役所等宏偉壯觀的廳舍外，當街庄發展到一定的程度，也會興建專供行政事務使用的役場（公所），戰後這些廳舍分別沿用為地方政府辦公空間，或由銀行、法院、警察局等不同機能的單位接收，可見原先地方行政單位處理業務之廣泛。

2 官廳標準圖與木構造時期

地方行政官廳是第一線與民眾接觸的治理權威之象徵，風格的塑造相當重要。一九〇二年，兒玉源太郎總督巡視地方時，他發現許多支廳舍租借民房、腐朽不堪，難以彰顯官方威信，因此決定由中央補助配合地方自籌款逐步新建。此外，為求效率，這些新建支廳舍是由總督府技師小野木孝治設計基本圖面，再由各地方政府分別建造。

新竹廳、花蓮港廳

全臺共有十數座造型相同的廳舍，皆為中央棟突出，屋頂設小塔，兩翼向左右延伸的配置。因各地財力差異，所能取得的建材不同，故內部仍以木構造為主，從外牆可以看到木造雨淋板或磚牆等不同材質的變化。

這些廳舍不屬於嚴謹的西洋古典建築風格，只是局部使用歷史主義的元素，如中軸做為官廳象徵的希臘三角山牆、拱圈和塔樓等，並以兩個小圓窗搭配中央拱門形成一張「官方的臉」，嚴格來說，歸類為擬洋式風格比較恰當，立於原有的漢人街庄之間仍相當壯觀。這樣的形式成為臺灣人心中最早的日本統治印象，也成為未來各地改建廳舍的主要基礎。

尤其是屋頂上突出的小塔，為日本近代擬洋建築非常重要的特徵。從二代清水喜助在明治維新初期建造的築地旅館、第一國立銀行，到有「土木縣令」之稱的山梨縣令藤村紫朗，利用拒絕剔除髮髻的武士所繳納的罰金大舉興建的警察署、醫院、郵局和學校等公共建築，以及日本近代洋畫先驅高橋由一的作品《山形市街圖》中小塔林立的景象，都是日本人在探索文明開化的過程中，對於現代市街天際線最初的想像。

此時期的廳舍案例如新竹廳，因基地限制將入口設於轉角，平面格局呈L型而非同時期大多數廳舍的一字型，二樓兩圓窗、三角山牆和塔樓是同系列擬洋式建築的特色。新竹廳後因改制成為新竹州廳，一九二七年新州廳（今新竹市政府）落成後，歷經新竹郡役所、新竹警察署進駐，戰後由土地銀行接收使用，至一九八四年拆除重建。

一九〇九年，花蓮港從支廳升格為廳，陸續劃入璞石閣支廳（後改為玉里支廳）、新城支廳、內太魯閣支廳、鳳林支廳等。廳治設於花蓮港，原為一字型平面、四坡水屋頂、入口設入母屋造[2]雨遮，構造單純的雨淋板廳舍，因規模不大而未採用小野木孝治的標準圖。焚毀後重建佔地六百坪的二代廳舍，仍為木造雨淋板構造，其洋風造型令人聯想起北海道開拓時期篳路藍縷建設初成的風景。

花蓮港廳舍大門前設有石碑，上刻「蘇澳花蓮港道終點」。比起同

新竹廳，平面格局呈 L 型是同時期廳舍中的特例。

花蓮港廳，單側塔樓的配置顯得活潑。

為木造的臺東廳的對稱格局，單側塔樓的配置顯得活潑。塔樓單邊長度目測約三公尺，可見內部面積不小，塔頂四面開窗便於眺望，塔尖與位於其東北側的臺灣銀行花蓮港支店塔樓呼應，皆為市區最顯著的建築。戰後由花蓮縣政府進駐。一九五一年，臺灣戰後首位民選縣長楊仲鯨任內發生花蓮大地震，廳舍建築嚴重受損而另擇址美崙重建，新建物改由花蓮市政府使用。一九六〇年代拆除變更為商業區，同街廓改建為花蓮市公所經營的復興市場。

3 因應臺灣環境的對策：鋼筋混凝土的普及

由於臺灣氣候潮濕多白蟻，許多日治初期所建造的木造廳舍皆因木構腐壞或遭蛀蝕，比預期更快到達使用年限。因此，總督府土木課長長尾半平於一九〇三年提出「木造廢止論」，認為在臺灣矗立做為永恆統治象徵的官方廳舍，應該逐步禁止以木材為主要材料，改為鋼骨、磚造及土壁。而在風格方面，大正時代以後，新築廳舍也更靈活地運用西洋語彙，以漸趨繁複的建築樣式展現文明開化的學習成果。

高雄打狗公館、屏東郡役所、桃園街役場、新莊郡役所、嘉義郡役所

各地方政府以磚造為主，建構了新廳舍的堅固印象，並透過日趨多元的建築風貌來塑造統治表情，提供更豐富的街道風貌。

除了新建廳舍，也有將構造良好的其他機能建築轉換為廳舍的案例，例如聚居打狗的日本人於一九一四年聚資建造的聚會所「打狗公館」，為典型歷史主義的磚造陽臺殖民地樣式建築，磚材與仿石構造搭配得宜。一九二〇年，高雄升格為州，將公館設為州廳；一九三一年在前金區建造新州廳後，又將公館改為高雄公會堂，建築歷經豐富，可惜戰後鼓山分局使用後拆除改建。

此時期的地方辦公廳舍，也常見不同單位共用建物的案例，如設於臺南州廳內的臺南市役所，以及隸屬高雄州的屏東郡役所。屏東郡役所不對稱的雙入口配置，區隔不同機能與動線：配有雙塔樓的主入口為郡役所使用，左側較小的門為轄下屏東郡警察課入口。

屏東郡役所戰後曾做為屏東市立第一初級中學與市立初級女子商業職業學校校舍，後再轉為屏東地方法院使用，並於法院搬遷至棒球路

打狗公館是典型歷史主義磚造陽臺殖民地樣式建築。

屏東郡役所不對稱的雙入口配置，區隔不同機能與動線。

桃園街役場，磚木構造細部帶有簡潔紋飾。

新廈後拆除。此外，也有街役場緊鄰郡役所的安排，如隸屬桃園郡的桃園街役場，磚木構造細部帶有簡潔紋飾，戰後沿用為桃園市公所，一九八三年都市計畫遷移行政機構，拆除改為商業區。

新莊郡役所位於發展自清代康熙年間的「北臺第一大街」上，基地在清代為新莊文昌祠，隸屬臺北州，下轄鷺洲、五股、林口三庄，內含庶務、警察二課，設有拘留所和刑房，所後建有武德殿。郡役所原為一層樓，一九五〇年改為新莊分局增建為二層樓，二〇〇三年改由新莊派出所進駐。雖然經過增建，但一樓牆體構造仍存，為今日新北市僅存的一間臺北州郡役所。

郡役所東側緊鄰兩層樓的新

新莊郡役所為目前新北市內僅存的臺北州郡役所。

新莊郡役所位於曾有「北臺第一大街」之稱的新莊街上。

莊水利組合辦公室，見證新莊肩負農產區的任務，戰後為停車管理處使用，改建外牆但內部構造仍存。新北市長朱立倫任內的二〇一二年起，計畫推動「新莊廟街周邊公辦都更案」，新莊郡役所雖獲半數文資委員認同其保存價值，但在市政府的主導下，仍未獲指定古蹟或登錄文化資產而面臨拆除。

同樣未得到妥善保存，於近年拆除的尚有隸屬臺南州、下轄嘉義街等十二個街庄的嘉義郡役所。以磚構造為主，穿插白色仿石列柱、拱窗框和窗臺，覆上深色屋瓦壯觀華麗，正面雙塔樓襯托主入口，兩翼拱廊開展如壯麗街道。原訂二〇〇五年拆除新建市政大樓，遭民間團體反對，經歷漫長的保存運動，二〇〇九年由文建會列為暫定古蹟，二〇一〇年於黃敏惠市長任內決定不予保留而遭拆除殆盡。

嘉義郡役所，雙塔樓襯托主入口，兩翼拱廊開展如壯麗街道。

桃園郡役所、新高雄州廳

其他與都市計畫牴觸而遭到拆除的，尚有桃園郡役所，建於磚造過渡至鋼筋混凝土構造的折衷時期，採取局部補強的加強磚造。郡役所原址為小野木孝治所設計的桃園廳廳舍，為全棟雨淋板構造，後來桃園廳改隸為新竹州桃園郡，下轄桃園街等五街庄，原地改建為桃園郡役所。正面有三入口，門廊皆以塔斯干柱式強化意象，中央棟壁面則以面磚裝飾。戰後由桃園縣政府進駐使用，一九八三年縣政府遷往縣府路新廈，原址拆除改建百貨商場。

由於一九二三年關東大地震造成大量磚造房舍倒塌，社會大眾對於磚造的堅固程度，已不若當初取代木材時那樣有信心，反而是在實驗心態下嘗試使用的鋼筋混凝土構造的房舍逐漸普遍。因此，一九二〇

桃園郡役所建於磚造過渡至鋼筋混凝土構造的折衷時期

年結束縣治時期，總督府開始推動以州為首的行政區劃之後，新建的州、廳等廳舍，市、郡、街、庄等役場及役所，越來越多採用鋼筋混凝土構造，風格也突破歷史主義時期因磚材造成的造型和語彙限制。

一開始，人們無法接受鋼筋混凝土光禿禿的表情，於是模仿磚造表面的面磚應運而生，並因為對紅磚的不信任感，而開始加入棕色、墨綠色等大地色系的釉料。以高溫燒成的面磚不僅可以做出色澤變化，更可以突破磚的構造限制，排列出各式各樣的圖案，窯燒造成的些許色差在大面積運用時更增添漸層變化的美感。在整體空間格局方面，仍維持中軸棟突出並帶有最多的元素及裝飾，內部做為門廳及主要垂直動線，兩旁重複延伸拱圈或列柱的立面表情，內部成為帶有迴廊的辦公空間。這時也進入了昭和時代。

此時期最著名的地方廳舍，是一九三一年由山下町遷往前金、新建於高雄川（愛河）左岸的高雄州廳，為五州中最晚啟用。相較於其他四座州廳，新高雄州廳的裝飾最簡潔，以連續拱圈構成的壯觀立面，僅在門廊柱使用裝飾藝術紋飾，格局也是五座州廳中最為壯闊，彰顯南臺新都氣象，是日本帝國南進的重要象徵。面對河面開展的寬廣立面倒映水中，氣派非凡，夜間也有燈飾點綴廳舍輪廓。

新高雄州廳落成啟用時，多艘軍艦駛進愛河參與儀式，吸引了大批民眾前往觀賞，盛極一時。二戰時期遭盟軍轟炸，州廳南翼嚴重毀損，戰後整修由高雄地方法院進駐，將僅有的裝飾去除後更顯樸素。一九八七年拆除重建由朱祖明建築師設計之新院。

從木造、磚造到鋼筋混凝土，地

新高雄州廳裝飾簡潔，格局壯闊，彰顯南臺新都氣派。

方辦公廳舍對於堅固、美觀和耐用的原則追求，使風格發展與構造調整相應，正可粗略對應到日本從明治、大正到昭和的天皇年號。而當鋼筋混凝土的運用手法日漸純熟，就再也沒有一種風格能夠統御所有的官方營造，風格的流行即將從嚴謹的歷史主義，進入帶有折衷性格的裝飾藝術。

4 與時勢政令密切結合，裝飾藝術遍布全臺

日本時代的臺灣建築風格解釋權，所謂「正統美學」及風格論辯的舞臺，掌握在以總督府主導的官方營造手中，學院訓練出身的日本建築專業者，基於施政理念而運用的各種「樣式」，代表的不僅是日本國內的趨勢，也是與世界脈動的連結。臺灣學生把「到日本內地畢業旅行」當作人生重要經歷，臺灣藝術家也熱中於參加帝展證明自己的實力。而總督府當局要讓臺灣人接受何種程度的「同化」，長久以來在日本人之間也爭執不休，雖然表面上喊出「內臺融合」和「共學制度」，實施名稱相同的教育制度，實際上仍是內容相異的雙軌式教育，不但臺日學生教育課程不同，臺籍教員的薪資也不及日本教員。

一九二三年，當時留學法國的朝香宮鳩彥王因車禍受傷，待在法國療養，而得以代表日本參加巴黎的裝飾藝術博覽會。返日後委託也曾到巴黎參訪博覽會的宮內省技師權藤要吉，設計座落於東京白金台的新建宮邸（今東京都庭園美術館），並聘請博覽會的負責人之一拉賓（Henri Rapin）擔當室內設計，將此種風格大張旗鼓帶回日本推展開

裝飾藝術風格的誕生與影響

明治、大正時期在徹底吸收與運用西方歷史主義之後，日本建築界產生了不滿於繼續追隨古典樣式的思潮與組織。如一九二〇年時，由東京帝大建築科畢業生堀口捨己、山田守等人為主發起的「分離派建築會」，呼應當時歐洲流行的表現主義，以舉辦展覽等方式宣揚反對折衷主義的立場。川喜田煉七郎也赴德國威瑪參訪包浩斯，之後回東京創辦相同理念的新建築工藝學院。

堀口捨己為東京平和紀念博覽會所設計的和平塔，令人聯想到設計維也納分離派會館的建築師奧布里奇（Joseph Olbrich）。他在德國達姆施塔特為慶祝路德維希大公婚禮所設計的結婚塔（Hochzeitsturm），與堀口捨己的和平塔對照之下，兩者相似程度，可以看到日本建築師雖然打著反傳統的旗號，但是取法西方文化的方向，與明治維新以來並無二致。

裝飾藝術（Art déco）風格來自巴黎，誕生於一九二五年裝飾藝術博覽會（L' Expositioninter nationale des arts décoratifs et industriels modernes），其實二十世紀初已經有關於此類藝術風格的討論，如一九〇七年德意志工藝聯盟（Deutscher Werkbund）成立於慕尼黑，旨在將建築師、工匠、畫家等各種藝術家緊密與工業和商業融合，並聲稱歷史主義已無法滿足新時代各種工業科技的風格需求，此類宗旨後來成為裝飾藝術博覽會的重點。

該聯盟與十九世紀末發起於英國的美術工藝運動（Arts & Crafts Movement），在增進社會道德、改善生活品質、以服務人群為己任的精神上十分類似，實踐的路線卻完全相反，成就的風格也大異其趣。美術工藝運動強調純手工的價值，希望喚回因工業革命的量產而墮落

一九二五年巴黎裝飾藝術博覽會拉法葉百貨公司館，建築師海爾亞特（Joseph Hiriart）、畫家特里布特（Georges Tribout）合作。

一九二五年巴黎裝飾藝術博覽會樂蓬馬歇百貨公司館，建築師布瓦盧（Louis-Hippolyte Boileau）設計。

的設計水平；德意志工藝聯盟卻認為工業進步打破材料限制，藝術家應增進自己的能力，掌控新技術，才能提升設計水平。

另一方面，統一後的德國也正好需要能夠互相配合的工具、材料和技術來支持民族國家整體的工業發展。相較之下，普法戰爭以來與德國競爭意識濃厚的法國，在設計風格上顯得較為保守，仍沉緬於一九〇〇年巴黎「美好年代」（Belle Époque）的世界博覽會主題「世紀回顧」懷舊氛圍中。法國當局為了提高國家形象與整體競爭力，於一九一二年設立世博會官方籌備會，準備於一九一五年舉辦新風格的博覽會宣揚民族驕傲，卻因一次大戰爆發，推遲了十年才於巴黎舉辦。

大會延請普魯梅特（Charles Plumet）、伯尼耶（Louis Bonnier）來統籌整體場館的規劃。這兩位是在二十世紀初就已聲譽卓著的新藝術風格大師，而伯尼耶也曾負責一九〇〇年「世紀回顧」博覽會的數個場館與攤位設計。當時歷史主義在巴黎的影響還是如日中天，但被視為離經叛道的新藝術風格也開始嶄露頭角，儘管只被運用在一些規模較小的臨時攤位，在整個博覽會給外界或後世的印象上，卻足以與新古典主義的主要場館分庭抗禮，可見一九二五年反歷史傳統的精神絕非橫空出世。

裝飾藝術博覽會另一個更貼近德意志工藝聯盟激進精神的特點，就是「集體設計」的概念。會中將各種專長的藝術家，如建築師、雕塑家、壁紙設計師、玻璃藝術家、室內設計師、產品設計師、家具設計師等，集中在同一個場館項目上共同合作，以確保風格統一。此項措施的意義，在於文藝復興以來由一位全能建築師統籌所有項目的時代已不復存在，新世紀的生產模式更加零碎、講究專業區分，非得要團體合作才能達到整體目的。原本具有高度凝聚力的日爾曼民族性，在這一點上，與個人表現欲望強盛的拉丁民族性區隔顯著，因此，團隊合作創作模式也可說是法國的文化革命，並帶來高級藝術普及的實現。像是當時著名的玻璃藝術家格魯柏（Jacques Grüber）以及拉利克（René Lalique），就同時進行數個場館的玻璃設計，為了實踐專業分工的精神，他們當然只負責玻璃的部分。

不同於美術工藝運動強調人人自己動手做的中世紀手工價值，也有別於新藝術時期依靠數名大師即可引領風潮的走向，裝飾藝術的生產價值更符合資本主義社會中，新富中產階級「有錢就可以買到品味」的生活型態。這個特點可在此次博覽會的展出單位看出端倪——光是法國本國的場館就有四家大型百貨公司參展，象徵消費力的百貨公司各自組成了優秀的藝術團隊互別苗頭，打造符合消費時代的布爾喬亞美學，將大蕭條之前的消費精神推向巔峰。

世紀回顧博覽會時，當局特地建成橫跨塞納河的亞歷山大三世橋（Pont Alexandre III），藉由舉辦博覽會改善都市景觀。但在裝飾藝術博覽會時，橋上具備裝飾藝術風格的臨時店鋪，卻於展覽結束之後盡數拆除，由此也可理解裝飾藝術博覽會追求的只是臨時性消費型藝術帶來的商機，並無意創造一種道德性的、引領世界的建築風格潮流。

後來的裝飾藝術風格在各種時代條件的支持下風行全球，實為主辦單位意料之外。從大歷史的角度而言，裝飾藝術繼承了古典世界到近現代，西方人所能掌握的人類文明總結，格局恢弘，企圖理應宏大，但其實當時的藝術家並無意流芳百世或者為未來的人類指引出路，裝飾藝術的設計師只想做一個新的嘗試，在乎的只有當下的商業宣傳效果，並且只在世界各地流行了約莫短短十年又為現代主義取代。

以往漫長建築史上所有的風格與形式，無論是經濟、政治、材料或技術進步等因素的促成，或者用道德訴求、時代意義或美學等解釋鼓吹而散播發生，當中都極少有純粹以商業為號召甚至取得莫大成功的例子。例如維楚維斯的建築三原則「堅固、美觀、實用」中，擺在第一位的「堅固」，訴求的就是一棟永久的建築，但博覽會的出現，要在最短的時間內吸引最多目光，展完就拆除的陳列方式開啟了一個新的想像——象徵永恆的建築物，也可能是臨時觀看的對象而已；這是過去建築發展較少面對的課題，於是設計的可能性就豐富許多。雖然支持此一思維的現實條件是材料的演進，但最重要的還是心態的改變，將西方文藝復興以來的「立面」（Façade）觀看文化徹底發揮，快速融入各種文化元素，而工業化時代的來臨，又無疑是其中最顯著的文化影響因素。

商業所造成的另一個效果，是藝術不再由上層階級獨享。以往的建築師為統治者服務，但資本主義社會誕生、中產階級興起、民族國家形成所帶來的階級流動，都造成上層階級結構的改變。當有可能躍升上層階級的人口變多，過去的生產方式所能提供的藝術品味與服務，便不再是需求的主流。在嘗試滿足大眾的新風格中，脫胎自商業活動的裝飾藝術，恰好能擷取較早出現的英國美術工藝運動至法國新藝術運動（Art nouveau），與近期德意志工藝聯盟與義大利未來主義（Futurism）等運動的優點——高級精緻品味與工業化量產並存，因此裝飾藝術得以同時出現在王公貴族和市井小民的生活環境之中。

裝飾藝術以重複的裝飾線條維持視覺的豐富，又以多元的材料達到雅俗共賞的可能。在此風格的範疇下，會看到大理石、象牙、青銅製作的燭臺、花瓶和時鐘，也會找到聚氯乙烯、人造樹脂、玻璃纖維製成的菸灰缸、茶具和家電製品。回顧西方文藝復興以前的藝術行為，大多用來崇敬上帝，而文藝復興開始盛行的手工作坊，也無法一次滿足大量民眾的需求，就這一點來看，裝飾藝術具有劃時代的意義。

來，也為臺灣總督府的官方設計風格帶來新的養分。

始政四十周年記念博覽會場館

但在臺灣，這樣的風格透過博覽會場館宣傳效果的推波助瀾，從官方主導、影響民間終至遍布全臺，單以「世界流行」的理由解釋尚嫌不足。畢竟一九三五年才舉辦「始政四十周年記念博覽會」，距離巴黎的裝飾藝術博覽會已經過了十個年頭，若論及一九三〇年代的世界流行風格，首推以簡潔為主的現代主義國際樣式。因此，裝飾藝術之後會在臺灣流行，與其濃厚的工商業性格及政策主導緊密相關。

博覽會場館除了包裝改建某些既有的公共建築外，大多為展完就拆的臨時構造，就像當代的樣品屋，提供人們對於美好生活的想像。裝飾藝術風格比起古典時期同樣具商業特性的維多利亞風格，更帶有非永恆的臨時性。

一九三〇年代以前，臺灣的經濟是在「工業日本、農業臺灣」指導方針下運作。一九三〇年之後，因領土擴張的戰爭準備需要，總督府將臺灣的經濟重心轉為工業，並且定位為南進補給站。

傳統農業時期，統治階層的建築美學相當適合磚造及仿石造建立的穩重感，這也是「洗石子」工藝在天然石材不豐的臺灣大為流行的原因。當政策轉向後，歷史主義的永恆美學已無法符合工業時代的器械意象，這時裝飾藝術無所不包的彈性即可派上用場。如始政四十周年記念臺灣博覽會中的船舶館、鐵道館，直接將交通工具的特徵挪用於場館建

總督府專賣局梅澤捨次郎設計，位於第二會場的專賣館，豐富的語彙組合，反映專賣事業種類的繁多。

總督官房營繕課阪東一郎設計，位於第二會場的船舶館，挪用船舵、煙囪、圓窗和燈塔等形象表現主題。

築，這是歷史主義無法辦到的。因汽車工業日漸興盛，強調速度感的抽象水平美感具體化於遮陽板的建築也逐漸普及，如臺南末廣町的商店街屋。

時任總督府官房營繕課長的井手薰，擔任臺灣博覽會工營部部長，由他領導的設計團隊，敏銳察覺到時局不同，採用切合政策內涵的建築風格，可見日本建築師精確掌握了世界建築潮流的意涵。

臺灣博覽會基本複製巴黎裝飾藝術博覽會的美學概念，但設計者的概念原創性與發想動機不同。一九二五年的裝飾藝術博覽會為政府主辦，由主辦單位統一規定不得模仿或抄襲任何歷史上曾出現的既有風格，場館設計由各參展單位自行承攬，建築師有很大的發揮空間。此種在歐美具有強烈設計師本位意識和個人理念的風格，在臺灣卻是在主政者意志下實現，這與整個日本時代由官方主導的建築風格傳播方向一致。

同時，臺灣的官方營繕體系，也逐漸走出純粹模仿歷史主義的路線，許多地方性的公共建築開始跳脫歷史主義系統。井手薰即是此一潮流下的官方營繕組織的領導者，從總督府旁的法院、紀念昭和天皇登基的公會堂等，皆採取不同於以往歷史主義的風格。

仔細觀察法院與公會堂的細部，井手薰並未創造新的裝飾語彙，只是借用文藝復興以後西方建築主流之外的「異國風情」，如塞爾特、摩爾等文化的元素。比較同為井手薰主導建造的英國都鐸式哥德風格的臺北高等學校和中世紀北義大利倫巴底地區風格的臺北帝國大學，可以看到他思想中的包容性格，當國策對新樣式有所期待時，也能籌劃符合當局需求的博覽會風貌。

清水街役場、東勢郡役所、彰化郡役所

一九二〇年，總督府改正地方制度，規定州、市、街、庄不僅是行政區劃，也是地方公共團體，並有財政獨立的權責。地方政府除了承接中央營繕組織的委任工事，對於轄區內建築事務具有一定程度的自治權力，但較大規模的工程，仍會尋求中央營繕組織的協助。

由於以往所有建案皆需上呈中央批准的規定有所放寬，地方政府的建案開始由地方政府所屬技師或民間建築師設計，並交由原本大多承攬民間業務的營造廠施作，在材料和技術成熟的前提下，裝飾藝術幾何元素多變、能排出豐富圖案的特質，順理成章成為普及的條件，地方行政廳舍的樣貌也越來越多元。

裝飾藝術風格的特色之一，是源於工業文明的機械元素：象徵速度的條狀裝飾與遮陽板、象徵交通工具窗戶的圓窗、因混凝土普及得以實現的模仿交通工具弧型轉角等，這些元素得以預鑄面磚等工業構材連續複製出現。日本在臺最後的大型廠房「總督府專賣局松山菸草工場」，便可看到許多水平遮陽板及牆面分割線，回應工業生產具速度感的時代精神。

地方行政廳舍在這樣的背景下，同樣肩負樹立官方形象的責任，可以見到由地方自行設計建造的街、庄役場，既跟上時代流行的裝飾藝術風格，又維持歷史主義時期對

清水街役場的格局規模皆不輸郡級役所

稱配置的古典原則，可謂在特殊政治與社會背景下的獨特產物。這時期的街、庄役場，絕大多數在戰後因鄉鎮公所辦公空間不足而拆除改建，目前尚存較為著名者，如臺南新化街役場，在居民合力遷移修復後妥善再利用，是見證當時行政體系相當珍貴的案例。

隸屬臺中州的各地方廳舍，都能在設計中看到裝飾藝術的痕跡。例如一九三七年落成的清水街役場，雖屬街庄層級，但由於清水為臺中海線人口最多的地區，經濟活動繁盛，役場格局規模皆不輸郡級。清水街役場的土地是由蔡年亨[3]家族提供，為紀念一九三五年新竹臺中大地震並復興地方，特建二樓為清水社會館供民眾活動之用，內有集合室、醫務室及圖書室，立面做八角窗，型制特殊。

當時站在鰲峰山上望向市街，可

東勢郡役所的立面細部充滿裝飾藝術風格的幾何造型

彰化郡役所為折衷主義建築，僅立面門窗分割保有古典風格。

岡山郡役所，車寄開口邊框上有裝飾藝術紋樣。

見街役場建築鶴立雞群、規模宏偉。戰後改為鎮公所，二樓社會館改名中山堂。老一輩公所員工回憶，舊公所格局大方冬暖夏涼，空間明亮通風涼爽，構造堅固施工精良，卻遭公所拆除賣地，改建為四層連排住商混合透天厝。原本附屬於街役場的官舍群，二〇一二年由區公所拆除大街路三棟雙拼格局官舍，僅存清水郵局後方鎮北街上兩棟與農會合建的官舍，二〇一七年由地方民眾發起保存活動，市政府允諾研議再利用方向。

下轄三街庄與蕃地的東勢郡役所，立面細部充滿裝飾藝術風格的幾何造型，中央塔樓則為古典遺緒。戰後沿用為東勢鎮公所，因空間不足，一九九〇年由建築師吳增榮設計，合併鎮公所、東勢分局、戶政事務所及圖書館新建綜合辦公大樓。

下轄七街庄的彰化郡役所位於南郭的新廳舍，為折衷主義建築，立面保有古典系統的門窗分割，但中央山牆與門廳三連拱細部已趨簡潔，不見太多古典建築語彙。戰後由彰化縣政府沿用，後改建為現代主義的縣府大樓。而南郭尚存許多日本時代官舍，包括郡守官邸在內大多為閒置狀態，值得重視並修復活化，見證郡治歷史。

岡山郡役所、旗山郡役所、潮州郡役所、屏東街役場

隸屬高雄州的各案例，裝飾藝術語彙的運用更為純熟，出現於玄關、立面中軸等位置，主導整棟建築風格的效果即相當明顯。

岡山郡役所隸屬高雄州，下轄八街庄，位於岡山街，磚構造，四坡水屋頂，裝飾藝術紋樣重點出現在車寄[4]開口邊框以及立面山牆垂直線條。戰後曾為岡山區署進駐，郡役所後方水塔至今仍存。

下轄六街庄及蕃地的旗山郡役所，建築原為歷史主義磚造廳舍，一九三一年遷至東北側對街，新建為具有多種裝飾藝術風格特徵的新廳舍。厚重車寄以重複幾何圖案邊框開口，兩側牛眼窗則取材自船舶圓窗，連續圓拱窗比例較長，屬於裝飾藝術的彈性比例，整體再以寬窄不同的水平帶飾貫穿，極富流線速度感的時代美學。

潮州郡役所隸屬高雄州，下轄七街庄與蕃地，與岡山郡役所的配置及屋頂設計皆類似，入口意象採用更為前衛的方框圓拱造型，於中央上方重點使用裝飾藝術特徵為地方政府建築常見手法。戰後為潮州分局進駐使用，一九八三年拆除改建。

屏東街役場隸屬於高雄州屏東郡，基地位於街道轉角故成L型配

旗山郡役所寬窄不同的水平帶飾貫極富流線速度感

潮州郡役所入口採用前衛的方框圓拱造型

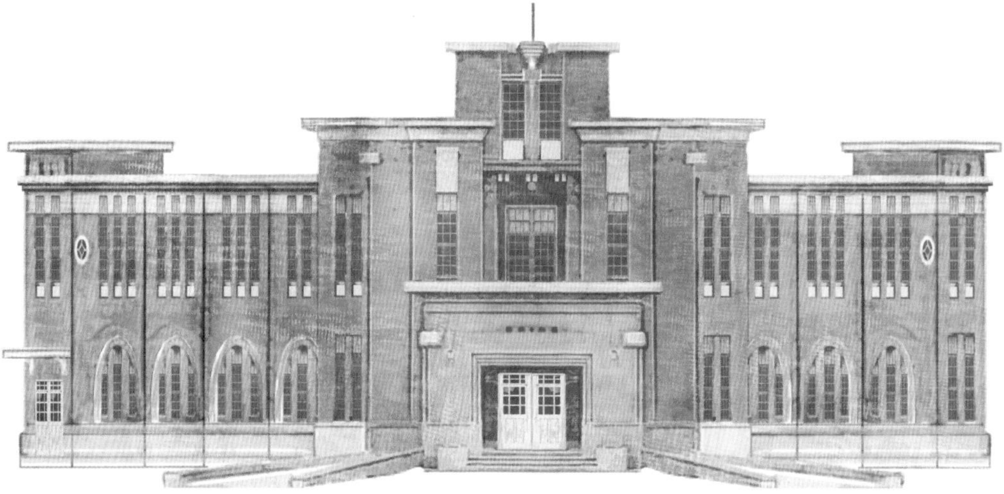

屏東街役場旗桿座與門框等幾何線條帶有裝飾藝術特徵

置，方正的量體感與一樓圓拱窗造型，屬於古典與現代主義之間的折衷主義，旗桿座與門框等幾何線條則帶有裝飾藝術特徵。一九三三年屏東街升格為屏東市，改為屏東市役所，戰後由屏東縣政府接收，後標售予太平洋百貨遭拆除。

5 軍營警署的廳舍建築

日本時代的臺灣軍隊數度改制，領臺初期於臺北、臺中、臺南三地成立直轄總督的臺灣守備混成旅團，負責乙未戰爭後守備及鎮壓，人數約兩萬兩千人。待局勢穩定，於一九〇七年縮編為六千四百人的臺灣守備隊，一九一九年因應總督轉由文官擔任，再整編為臺灣軍，另派臺灣軍司令官。除此之外，尚有隸屬於大日本帝國陸軍的憲兵派駐臺灣，表面維繫陸軍軍紀，監督軍人品行，兼任行政和司法警察，護衛高官與重要人物，也隱含長州勢力的陸軍牽制薩摩派掌握警視廳系統的用意。

憲兵司令部設於東京及大阪，一八九七年後劃設全國為十個管區，其中第八、第九、第十管區在臺灣，最早由總督樺山資紀的侍從隊轉任，配合守備混成旅團同樣分駐在臺北、臺中及臺南，在基隆與花蓮港等地設有支部。臺灣的憲兵隊，在乃木希典總督任內也被賦予三段警備制度的鎮壓任務，需配合臺灣守備混成旅團作業，負責偵察、巡邏搜索、逮捕土匪、搜查家宅、調查戶口、沒收武器等繁雜項目。

但因事權不統一，導致與警察、軍方摩擦頻仍，待兒玉源太郎接任總督後，臺北、臺中、臺南三縣知事聯名上書〈關於三段警備之卑見〉，指陳憲兵不服從行政命令，違背改軍政推行民政的精神，造成警察執行業務困擾，營業、鴉片、衛生等管理任務停頓，斷言三段警備「自始便是勉強不適的制度」，憲兵遂逐漸退出民政業務。一九〇七年，隨守備隊成立統合為臺灣憲兵隊管區，白底紅字寫有「憲兵」兩字的臂章十分醒目，軍人對他們敬而遠之，至日本時代結束前，派駐臺灣的憲兵有七百四十五名。

臺北憲兵隊基隆分遣所

臺北憲兵隊管區的基隆分遣所，最晚於一九二九年出現於地圖上，位於義重橋道路通哨船頭一九七番地，為磚木構造的兩層樓建築。由前棟及後棟大小兩個長方形平面組成，配置於都市計畫後產生的棋盤狀街廓轉角，入口與道路交角呈四十五度，背對港口面向市區，宜示維持治安的方向。後於一九三二年新建的基隆市役所大樓，位於憲兵隊西南側街廓與之對望。

憲兵隊基隆分遣所取材德式碉堡元素，符合日本陸軍傳統，正面兩側三角山牆線條陡峭，山牆頂與兩側有塔狀裝飾，牆中開帕拉底歐式窗，側面山牆為階梯狀造型，至今仍能在漢薩同盟城市如呂貝克、科隆、不萊梅等的建築看到類似的裝飾表現。戰後此地仍為中華民國基隆憲兵隊使用，一九六〇年代改為全臺憲兵隊統一的紅色面磚、黑白格柵窗的鋼筋混凝土構造，僅延續將入口設於轉角的配置。

帝國治理意志在地方的權力彰顯，除了行政官廳以外，也不能忽略警察制度的角色。日本時代臺灣的警察權責廣泛，除了延續至今的治安、交通等業務，還包括衛生宣導、疾病預防、鴉片管制、思想取

臺北憲兵隊基隆分遣所，德式碉堡元素符合日本陸軍傳統。

締、禁令宣傳、稅金徵收、蕃人授產、戶籍查察、風俗行業和典當業者的管理，難怪一九二六年臺北州警察衛生展覽會的海報，會將警察化身為「南無警察大菩薩」的千手觀音形象，拿刀拿繩索拿針筒又拿佛珠，可說是行政權力與個人接觸的第一線。

與繁雜的業務相較，各地警察署的廳舍建築風格大多簡潔明快，顯得較為嚴肅冷峻。在大城市中的警察署位置，考量機關屬性「看」與「被看」需求，多將入口設置於交叉路口的轉角。一九三〇年代以後改建為鋼筋混凝土構造的新廳舍，大多因應位於轉角的流動感，而有略帶裝飾藝術語彙的折衷主義表現，例如至今仍存在的臺北北署、新竹署、臺中署、彰化署和臺南署等，除此之外，也不乏完全跟上世界潮流的現代主義作品。

基隆警察署、嘉義警察署

採用相同設計圖面，落成於一九三七及次年的基隆警察署與嘉義警察署，俐落的量體堆疊，深受德國包浩斯學校創辦人華特・葛羅培茲成名作法古斯工廠（Fagus Factory）的影響，大面積開窗提供採光良好的辦公環境，也象徵警務運作的透明化，外覆草綠色面磚則反映時代流行。位於轉角的入口和垂直線上開玻璃窗，與古典建築中多用石材或加強厚重視覺表現的做法大異其趣，是相當前衛的設計。

嘉義警察署位於稅務出張所和郡役所旁的中山路上，反映日人的都市計畫考量，其身影曾出現在陳澄波一九四六年描繪中華民國政府慶祝光復的作品《慶祝日》當中，極具歷史意義。戰後，這兩座警察署持續由警察單位沿用，可惜後來

基隆警察署，與嘉義警察署的風格一樣簡潔明快，草綠色面磚反映潮流。

皆拆除改建為新警局大樓，未能為臺灣早期經典現代建築發展留下見證，殊為可惜。

而嘉義市經歷張博雅市長於一九八九年和二〇〇〇年分別拆除公會堂與警察署、陳麗貞市長二〇〇二年拆除稅務出張所（當時主管古蹟業務的內政部也由張博雅擔任部長）、黃敏惠市長二〇一〇年拆除郡役所後，嘉義最重要的公署官廳拆除殆盡。在這些文化資產的保存過程中，市府刻意忽略民間訴求保存的各種努力，致力消抹日本時代的治理象徵，卻在原址改建新的政府機構，豎立新時代的政治圖騰，延續原本都市配置考量的支配意志，只是美學表現有嚴重落差。（令人欣慰的是，二〇一四年起張博雅擔任監察院長，持續編列預算維護原為臺北廳廳舍的國定古蹟監察院，顯見保護文化資產的觀念可以隨時間改變。）

頂番婆派出所

大城市的軍警廳舍多將入口設於轉角，便於監視控制，但街庄層級的派出所，因為沒有掌控密集街道的需求，更能反映「地方上的小總督府」的治理機能，多以與役所廳舍相同的長方形平面構成，外觀形式與內部辦公空間布局為古典中軸對稱。建於一九三三年的臺中廳彰化郡鹿港街頂番婆派出所，便是其中典型且保存最完整的案例，包括棟札（上梁記牌）仍存於屋架之上。

頂番婆派出所門口設有強調入口意象的三角山牆，並因朝南向陽配置，主、次要入口及開窗皆以造型堅實的三角牛腿托架撐起的雨庇，是立面最重要的特色。戰後持續做為鹿港分局頂番婆派出所，外牆貼上警務建築常使用的紅色二丁掛面

頂番婆派出所位於鹿港的出入要道，也是重要地標。

磚。派出所前設有彰化客運公車站牌，也因此曾提供場地讓通勤學子寄放單車，是這座小鎮的出入要道，也是來訪遊客首先認識此地的地標。

二〇一六年彰化縣長魏明谷任內，因通過派出所改建預算，許多陪伴居民走過漫長歲月的派出所建築面臨改建。縣府的改建理由是：「嶄新廳舍有助於提高警察辦公環境、服務品質及破案效率，對維護地方治安有很大幫助。」理論上，地方民眾提出留下硬體尚堪使用的老派出所，也能滿足以上需求。但彰化縣文化局在縣府已有既定政策的情勢下，難以客觀公允的審議文化資產價值，僅以二〇一四年的討論決議，回覆二〇一六年的保存訴求。這個並沒有私有產權爭議的案例終究遭到拆除，步上二〇一五年拆除的田中庄二八水警察官吏派出所（二水分駐所）後塵。

目前彰化仍在使用的日本時代派出所，尚有彰化市莿桐腳警察官吏派出所、彰化市南郭警察官吏派出所、和美庄嘉犁警察官吏派出所、芬園庄安山警察官吏派出所、芬園庄縣庄警察官吏派出所等。這些派出所都還沒有文化資產的身分保護，而其中具有歷史建築身分的和美線警察官吏派出所，卻登錄為「和美街長宿舍」。另外，鹿港尚有歷史建築海埔厝警察官吏派出所，增設瞭望塔做為海防崗哨，是比較特殊的案例。在除舊布新的思維下，舊派出所陸續面臨改建命運，居民的記憶延續卻沒有被考慮在文化資產價值中，反映文資提報及審議流程，未能回應民間需求的現況。

6 呂阿玉的現代主義地域表現

戰後臺東的地方公署廳舍，多出自建築師呂阿玉手筆，發展出地方獨特風格，卻因地域位置而長期為主流建築論述忽略。近年，因地方建築陸續面臨拆除改建，喚起了保存意識及活化聲浪，許多建築背後的故事才得以被注意。

一九二九年，呂阿玉出生於臺中州豐原郡，畢業於臺中州立工業學校建築科，後因父喪至臺東依親，並擔任臺東縣政府建設局技士長達四十五年，歷任都市計畫課課長和臺東市公所工務課課長。因臺東地處偏遠缺乏資訊與資源，呂阿玉受限於學歷無法取得建築師執照，卻摸索出自己的風格，設計了許多回應臺東風土氣候的作品。

例如臺東縣議會、臺東縣稅捐

稽徵處、卑南鄉公所、鹿野鄉公所、鹿野地區農會，以及由民間委託、位於安慶街和平街口的店鋪住宅等，皆可看到呂阿玉運用水泥遮陽板和空心花磚，構成俗稱「洞洞館」的鮮明現代主義造型。深受一九六〇年代流行世界的科比意（Le Corbusier）晚期作品如香地葛（Chandigarh）、馬賽公寓（Unité d'Habitation）、拉杜特瑞修道院（Couvent Sainte-Marie de La Tourette）影響，呂阿玉的作品適應臺東炙熱氣候及充足陽光，在尚無空調的時代，兼顧室內遮光與通風需求，將後山建築風貌連結上世界潮流。在戰後來臺且大多具有留美背景的中國建築師中可謂異數，也是見證現代主義力量無遠弗屆的地方奇蹟。

舊臺東縣稅捐稽徵處

落成於一九六二年的臺東縣稅捐稽徵處是其最特殊的作品。有別於其他案例多以小格狀長方形遮陽板構成立面，他另外設計「※」字挖洞造型預鑄水泥空心花磚，用於轉角主要立面，室內呈現迷幻的採光效果，比類似設計的臺灣大學農業陳列館更早落成。

稅捐稽徵處遷出後曾由臺東縣消防局特搜分隊使用，然而現代主義建築的價值似乎難為一般人理解，二〇一三年黃健庭縣長任內，臺東縣政府以每坪每年一千五百元的價格，標售閒置的稅捐稽徵處地上權給承泰國際投資股份有限公司，引起民眾抗議，希望對呂阿玉作品進行清查及文化資產價值評估。但縣政府竟趕在文化資產審議程序前，於二〇一四年自行拆除這棟鯉魚山旁的戰後建築精品。稅捐稽徵處遭拆除後，由民間公司於原址新建的十層樓 The Gaya Hotel，特意仿作稅捐處舊立面的空心磚造型，略盡努力延續記憶，卻更令人感嘆為何連原本的立面都無法保存。

同年，在民間呼籲下，縣政府文化處將同為呂阿玉設計的臺東縣議會舊址登錄為歷史建築，卻遲遲未進行任何硬體保護，或啟動文化資產應具備的口述訪談、建築價值評估等調查研究計畫，對待地方獨有的文化資產的態度消極。

呂阿玉是國科會數位典藏計畫「臺灣建築史」中，唯一一位代表作品都座落在臺東的建築師，然而建於一九六四年的舊縣議會，卻於二〇一七年遭臺東市長張國洲批評：「登錄歷史建築被笑荒唐，妨礙地方發展，要與代表會共同促請解除，並透過都市計畫改為商業用地。」顯見現代主義的保存價值仍難成為普遍共識，也反映地方政府對於文化缺乏自信、又充滿發展焦慮的心態。

在世界建築遺產的保存趨勢中，具有相同背景（例如由同一位建築師設計）的作品，時常採取「群體登錄」的方式，例如分別於一九八四年和一九九四年登錄的西班牙巴賽隆納建築師高第作品，以及義大利威欽察建築師帕拉底歐作品等。這些登錄的案例，並不必然具備該城鎮或街區的整體性，同一位建築師提供不同業主的設計，也不一定具有同等的歷史地位，但因資產本身共同的歷史價值及文化脈絡而將作品群串聯指定。另外如奧托・華格納（Otto Wagner）之於維也納、查爾斯・雷尼・麥金托什（Charles Rennie Mackintosh）之於格拉斯哥，也都是建築家作品成為城市鮮明形象的著名案例。如今尚存的舊臺東縣議會，亟待縣政府即刻搶修，先維持硬體完整，再充實軟體內容，也應完整介紹呂阿玉的職業生涯成就，透過充實建築史內涵，建構臺灣的文化主體認同。

舊臺東縣稅捐稽徵處，呂阿玉設計的空心花磚讓室內呈現迷幻的採光效果。

第3章

醫院：妙手回春的杏林城堡

1 衛生事業為治理之首

一八七四年，日軍因牡丹社事件來臺，亞熱帶氣候讓他們吃盡苦頭，一八九五年登陸澎湖又遭霍亂侵襲。根據明治三十七年的《臺灣陸軍衛生概況》記載，因瘧疾、傷寒、赤痢、腳氣、花柳、鼠疫、流行性腦脊髓膜炎等疾病耗損的近衛師團野戰諸部隊兵員，佔全體兵員人數近半，故日本將臺灣納為版圖之後，首重建立衛生行政制度。

接收臺灣時，日本政府已歷經明治維新，有許多接受西方醫療知識洗禮的人才，如隨軍來臺、時任陸軍軍醫監、後升任總督府陸軍局軍醫部長的作家森鷗外[1]，首先要面對的便是處理在與日本緯度不同、氣候溫熱潮濕環境下，直接影響到軍隊兵士健康的衛生問題。

清代的臺灣街道已設溝渠，但城市排水系統並不完善，亦無乾淨的飲用水。水井邊洗菜、洗便桶的情形家戶皆然；城牆造成市街空氣不流通，街道上流溢汙水，豬仔在路邊菜攤殘渣堆中覓食並隨街便溺，垃圾任意傾倒河中，導致流行病疫情快速傳播。

因此，市區改正及上下水道的設置，成為改善環境衛生的重要施政。由後藤新平邀請來臺、時任東京帝國大學衛生工學教師的英國籍衛生顧問爸爾登[2]和濱野彌四郎曾經提出調查報告，甚至建議將艋舺地區漢人的家屋全數拆除重建，在改善城市環境的同時，也可積極醫治病患。

中國古代醫生機動性高，到病人家中出診，開藥方再讓病人去藥行抓藥，少數留名於史的醫館，其實就是某位名醫的住處。西方則早在古埃及就有醫神駐守於寺廟，病人可前往看病。透過儀式和藥材治療，需要可以集中管理醫療行為的空間，從希臘、羅馬、印度等古文明，都有這種類似醫院建築的遺跡。十一世紀時，英格蘭開始出現由貴族與騎士團成立的慈善療養所；到了十五世紀，米蘭和巴黎已經出現專業醫院。

啟蒙運動以後，醫術成為一門專精的學問，包括專業人才的育成與設備的開發和集中，二者相互影響，技術與知識在此交會，病人也得到妥善的醫療與照護。一八九六年，具有醫學專業背景的總督府衛生顧問後藤新平公布《臺灣公醫規則》與《公醫候補生規則》，將醫院管理的職權從地方改隸總督府，設立公共診療所並培訓公醫，輔助衛生行政與從事醫療記錄研究，並制定有關獸疫、下水道、海關檢疫、藥品取締、醫師許可等規則，更函請東京臺灣事務局派遣醫師、藥劑師、護士共四十員來臺將醫療工作帶上軌道。

一九一四年，全臺灣各廳醫院的創設告成，各醫院的營建修繕皆由土木局營繕課進行，偏遠地區則由醫院派駐醫生到診療所服務。明治年間，為求醫療機制盡速投入社會體系運作，木造院舍發揮很大的效用，全臺遍布木骨構造、內壁為木摺板、屋頂用木屋架的歐風院舍，西洋風情的醫院外觀與象徵現代文明的現代醫療技術結合，洗去先前借用漢人衙署廟宇權充醫院的舊時代意象。

一九二〇年代，總督府開始在離島、蕃地與無醫村設置公醫，進行傳染病預防、種痘普及、梅毒防治、貧民治療、屍體檢驗，鴉片禁制、食物中毒與衛生統計等相關事務。如同西方傳教士將醫病做為宣教手段，總督府透過醫療建設與衛生推廣，軍方也有獨立的衛戍醫院系統，宣示伴隨治理而來的現代文明教化。以壯美的院區做為象徵，遍及帝國的每一吋土地。

2 疏密有致的小型聚落

醫院建築的空間類型非常獨特，不同於行政官廳的辦公機能，可說是一個小型聚落，需要兼顧在此出入的各族群需求。在早期如同其他官方單位進駐清代遺留的衙署辦公，甫至臺北的日軍也進駐城內的文廟，廟宇的高敞屋頂使室內有較好的通風與採光，因此隔間改為衛戍病院。

一八九七年，臺灣總督府擇定城內東城牆旁興建專供醫療使用的院區，由曾經參與琵琶湖疏水設施水門規劃的土木部技師小原益知設計，營造廠有馬組施工，並將「病院」改名「醫院」，降低場所帶給民眾的負面觀感。院區內依機能分設看診的本館、藥房與病房等處，另附有獨立浴廁、隔離病房、廚房、

魚骨形平面的空間設計

一七五六年，英國普里茅斯的皇家海軍醫院，以有頂通道連接行政服務區與各病棟，並隔出中央的中庭，將中世紀以來借用修道院的陰暗醫療空間予以革新。此舉受到一七八八年皇家科學學會的推崇，魚骨形平面的院區逐漸成為典型近代歐洲醫院配置濫觴。如今猶存者，例如，霍亂後深感巴黎欠缺大規模收容病患的場所而在第十區建造的新古典主義「拉里布瓦西埃醫院」（Hôpital Lariboisière）、巴塞隆納著名的新藝術建築群「聖十字聖保羅醫院」（Hospital de la Santa Cruz y San Pablo）、慕尼黑「施瓦賓ＳＴＫＭ醫院」等，皆為魚骨條狀排列的大型醫院。

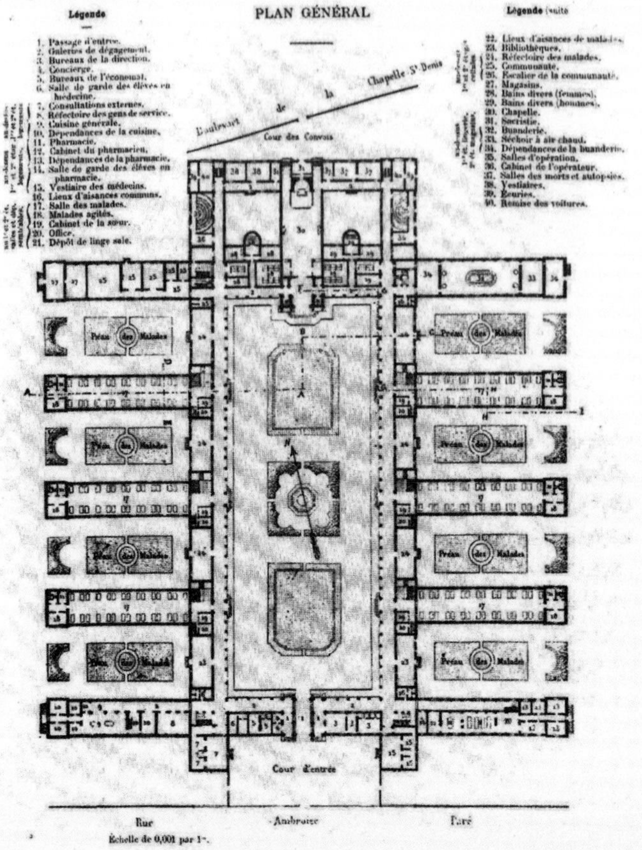

巴黎拉里布瓦西埃醫院採用典型的魚骨狀平面配置。

值得一提的是柏林「魯道夫菲爾紹醫院」（Rudolf-Virchow-Krankenhaus），二戰時遭受空襲嚴重毀損，戰後重建仍修復主棟維持歷史形象，而且全區依照戰前的魚骨狀配置排列病棟，使得新建築不致破壞原有空間紋理。

魚骨形平面的設計，用意在於為每一個空間量體設置庭園，創造虛實交錯的空間感，因而每一個病房單元內皆能享有充足的光線和新鮮空氣，維持良好的殺菌與通風效果。在臺灣，更另外發展出將廊道設於南側的配置，避免陽光長時間直射病房造成病患不適，也連結各病房，減少醫務人員勞力耗損；中央廊道則具備寬廣暢通等諸多使感官通透的特色，所有平面空間皆能以無障礙斜坡連通，以利病床及設備推送，也是醫院動線的特點。

明治時代由總督府於各地建造的官方醫院，大多為營繕課長中榮徹郎設計的全棟木構造作品，其中一項顯著的特色是，對醫院機能而言不必然需要的塔樓，強調其地標效果，如花蓮港醫院。採用相同設計圖的臺中與屏東醫院也都有中央塔樓，嘉義、澎湖和臺東醫院則是設置雙塔樓。

洗衣場、太平間等附屬設施。醫院配置坐北朝南，房間呈魚骨型排列，一八九八年完工開院後，在臺灣的外國顧問及醫生都盛讚其現代化的設備，也成為各地新建醫院的範本。

花蓮港醫院、臺中醫院、屏東醫院

在西方建築史上，最初塔樓運用於中世紀的城堡，具有守衛瞭望的實際機能，但也是讓城堡象徵上層階級、成為顯著指認標的的建築特色。近代建築運用取其代表的權威意涵與造型美學。例如一九一〇年落成的木構造花蓮港醫院，為中榮徹郎在臺灣最早的醫院作品，尚未使用分棟式魚骨狀配置，中央有如同臺北赤十字醫院的通氣塔樓，造型簡單裝飾少，具有墾拓的樸拙氣息，戰後則沿用為省立花蓮醫院，後拆除重建。

臺中醫院最初使用清代巡政廳，

花蓮港醫院，中央塔樓強調其地標效果。

臺中與屏東醫院，急斜屋頂與大面積老虎窗帶有北歐趣味。

一九一〇年由中榮徹郎設計西洋鄉村風格雨淋板木造院舍，主棟開口設於街廓轉角面對路口，呈L型配置，後方則為分棟條列式病棟。門廊以粗壯的塔斯干式柱支撐，急斜屋頂與大面積老虎窗具北歐趣味，正面雙塔樓採切角背心式十字脊屋頂，二層樓中央棟與兩端收尾有小尖塔。後來可能因地震將尖塔與老虎窗拆除，可見其不具機能必要性。屏東醫院也採用同樣設計，一九五四年遷建，舊院則於次年火災焚毀，現址為屏東市中央市場。

一九四四年臺中醫院增建現代主義鋼筋混凝土新院舍，造型現代前衛，由總督府技師梅澤捨次郎所設計，至今仍使用中，值得有關單位維護重視。梅澤並非畢業於東大，而是出身技職體系的工手學校，一九一一年來臺後從土木局勤務做起，之後擔任協助技師製圖的鐵道部技手，累積十七年資歷後升至專賣局技師。當時建築潮流已脫離繁複的歷史主義而趨於簡潔的折衷主義，他在臺灣留下的作品，如林百貨在內的臺南市末廣町商店住宅、新竹及嘉義專賣局廳舍、臺南警察署廳舍、松山菸廠等代表性作品，其轉角的處理皆相當細緻流暢，尤其表現在樓梯與扶手的線條，反映時代追求速度的美學。

嘉義醫院、澎湖醫院

一九〇七年，嘉義醫院建於舊孔廟基地，延續同為木造之臺中及屏東醫院的雙塔樓配置，全棟木構造採用雨淋板，開口朝向西南側，木構造玄關精巧細緻，與澎湖及臺東醫院形式相近，後增建鋼筋混凝土病棟，木造本館於一九四二年嘉義地方烈震毀損。

澎湖是日軍預備接收臺灣的先期據點，過程中幾乎未受清軍抵抗，但有千名日本官兵染霍亂亡，因此總督府很早開始在澎湖推動衛生政策，一八九六年即利用廟宇開設醫院。後於馬公興建木造院舍，形式與嘉義醫院相近，僅雙塔樓和屋頂造型不同，一九五八年拆除，於原址逐步增建。

打狗醫院

打狗醫院落成於一九一四年，後改名為高雄醫院，建築型制在公立醫院中最為特殊，為畢業於工手學校（現東京工學院大學）的營繕課技手高崎才藏設計。全棟為木構造，外牆使用雨淋板，採凹字型配置，主棟兩層樓採用切角的背心式屋頂（Jerkinhead Roof），其洋風情調令人聯想到長崎及神戶等港口城市的異人館。院址設於山下町三丁目打狗檢糖所北側，戰爭末期受到轟炸

嘉義醫院，木構造玄關精巧細緻。

澎湖醫院，形式與嘉義醫院相近，僅雙塔樓和屋頂造型不同。

毀損，戰後採加強磚造簡易修復為不對稱的現代主義風格，將主入口位置由中軸線改至靠近市區的東南側，一九七九年搬遷至苓雅區現址的民生院區後拆除舊院區。

3 永久使用與衛生條件兼顧的磚造醫院到鋼筋混凝土醫院

赤十字醫院

日本赤十字社臺灣支部醫院為慈善醫療事業。早期總督府醫學校教授由臺北醫院醫師擔任，但因臺北醫院病患皆為日本人，不願做為本島醫學生的實習對象，因此在一八九八年醫學校開學後，以艋舺的仁濟院為實習場所。後來由總督府提供土地，赤十字社出資興建赤十字醫院，由醫學校人員營運，為醫學校學生就近提供實習場所。

赤十字醫院由總督府技師小野木孝治設計，在一九〇五年完工，位於臺北城東三線道總督府醫學校旁東門町六番地，正前方道路通往臺北醫院及新公園。配合位於道路底端的配置，設置中央獨棟塔樓為視覺焦點，院舍磚木構造仿石砌外觀沉穩厚重，門窗鑄鐵雕花圖案細緻，主棟與高雄醫院同為凹字型，往後延伸長條型配置病房，中央鐘塔以角朝向正立面，上附時鐘可為來自不同方向的行人觀看，是近代建築較為少見的做法，類似做法的塔樓尚有現為旅順博物館的原關東都督府博物館。

一九三六年，赤十字醫院隨總督府醫學校與臺北帝國大學合併，遷建至泉町二丁目北門外原臺北鐵道工場基地北側，新建鋼筋混

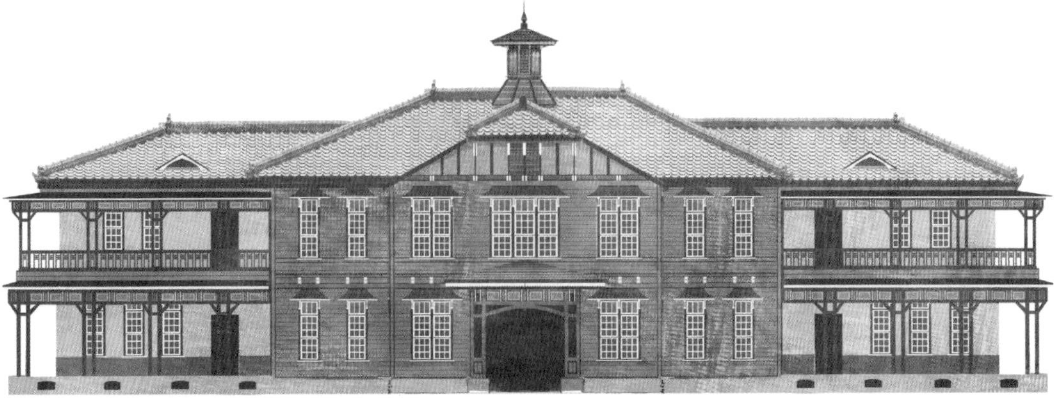

打狗醫院，主棟的背心式屋頂充滿洋風情調。

赤十字醫院，中央鐘塔以角朝向正立面，上附時鐘。

凝土構造院舍，與鐵路醫院遙相對望。舊院區戰後曾短暫為中華民國教育部使用，一九九一年拆除，改建為陳其寬設計的臺大醫院新館。

臺北醫院

一八九五年臺灣病院創建，院址初設於臺北市大稻埕千秋街，屬陸軍省軍醫部管轄，一八九六年改轄臺北廳，改名為臺北病院。一八九七年設立醫學講習所，臺大醫學院亦以此年為成立起算點。一八九八年遷至臺大醫院舊館現址，更名為臺灣總督府臺北醫院。為將木造臺北醫院改建為磚造醫院，總督府技師近藤十郎於一九一二年到一九一八年間前往南洋、中國和美國，考察世界最先進的醫院配置及設備。

改建工程從一九一三年開始，在建造過程中不斷加入最新的規劃觀念及考察心得，根據一九二九年《自由通信》的記載，包括本館大廳在內的南側三列病房是參考日本本國與南洋經驗，北側傳染病棟與鍋爐室、洗濯場等建築群，則是近藤十郎赴美考察後將最新見聞具體實踐的成果。一九二一年完成的第一進正立面壯麗美觀，全區至一九四〇年代仍在增建，是當時東南亞最大型的現代化醫院，而近藤十郎也於一九二〇年升任營繕課長，並以同樣的理念及風格規劃了臺南醫院。

臺北醫院原本的鍋爐室與煙囪鄰近新公園，此次改建後改至臨東三

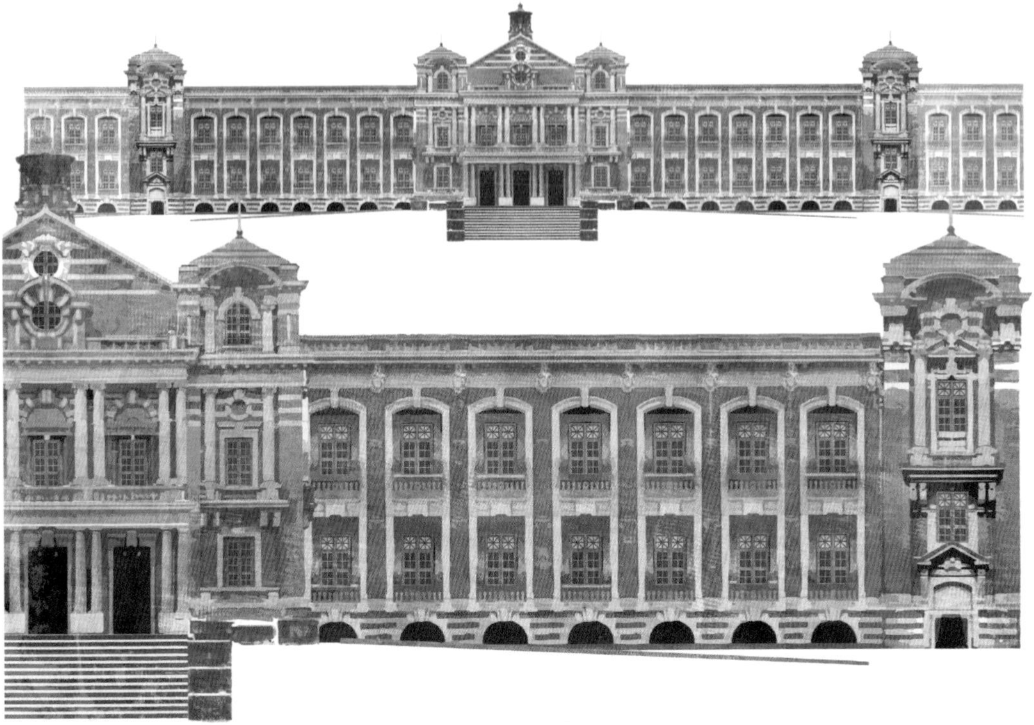

臺北醫院，是近藤十郎於先進各國考察後的實踐成果。

線路側新建。煙囪為東洋コンプレッソル株式會社生產，是專長土木建築地基的公司，有專利的「コンプレッソル杭」（空氣壓縮打樁機）場鑄混凝土樁技術，許多著名的高大煙囪，如臺北市定古蹟的華山文化園區、臺中市歷史建築月眉糖廠等廠房煙囪，皆出自此會社。

鍋爐室旁的洗滌房，和一九二〇年代增建的鋼筋混凝土大跨距機房，為改建工程後期作品，高氣窗以金屬連動桿控制，室內台度[3]為便於維持整潔，貼滿東京不二見燒（Fujimiyaki）公司出品的上釉白瓷面磚。此種面磚細部品質相當驚人，可因應包覆室內門窗框、工作檯、機具檯等各種角度牆面需求，燒製出十餘種外凸、內凹、梯型弧角等不同角度造型。另因維持室內機具運作時的散熱需求，挑高屋突設兩座大型採光窗，可利用金屬連棟桿件於地面操作控制採光窗開關角度，可見當時總督府追求營造品質與設備極致的工業技術。

二〇一二年，臺大醫院計畫拆除鍋爐室及煙囪新建健康大樓，由知名的宗邁建築師事務所設計，二〇一六年通過校內及市府各項審查開工。根據拆除工程得標廠商的工程計畫，鍋爐室內部近百年歷史的機具設備與珍貴的室內裝修完全不予保留，僅預計將正門三座連續拱窗切割成十三塊、地標大煙囪每三公尺切割一段易地保存，將來以公共藝術或者結合新大樓設計的手法復原，是產權單位與文化主管機關相當粗糙且缺乏遠見的保存手法，因此引起民間文資團體抗議，要求重新確定臺大醫院的古蹟範圍。

此案爭議的癥結在於，一九九八年臺大醫院市定古蹟公告範圍僅標註門牌及地號，而未逐棟指認，造成各方對古蹟範圍的認知差異。且當年指定古蹟後，並沒有針對這座臺灣最重要醫院全院區進行完整調查研究，導致在院方陸續開發時，珍貴資產也隨之消逝，包括鍋爐室北側，二〇〇三年為興建兒童醫療大樓而拆除的磚造大體室。目前臺大醫院全區仍有許多未受重視的文化資產，例如日本時代挪建自清代臺北府城城牆石的院區圍牆，二〇一六年院方拆除鍋爐室時，造成臨中山南路側圍牆大規模毀損。在民間團體訴求文化局確認古蹟範圍、

臺北醫院鍋爐室，院方開發主義下的犧牲品。

進行協商及審議的期間，院方仍未停工，反而加速清拆尚未理解及評價歷史意義的美援時期增建。

在歷史建築密集的院區內新建大樓，不僅新建築形式與高度破壞歷史風貌，新開挖地基也有造成舊建築地基滑動的疑慮，臺大是否非要在此開發而沒有其他選擇呢？時代與新的使用空間需求，不該是輕視文化資產價值的理由，但很遺憾臺北市文化局仍通過院方的改建計畫，僅決議留存局部構造遷移重組，開發的期望終究壓過保存珍貴歷史資產的呼聲。

臺南醫院、宜蘭醫院

臺南醫院原使用臺南縣廳以南的清代建築，一九〇〇年於練兵場新建木造院舍，一九一一年開始陸續改建為磚造。與臺北醫院同為近藤十郎設計，兩翼屋頂造型特別，類似蘇格蘭建築師多伊格（Charles ChreeDoig）專為威士忌蒸餾廠設計的換氣塔。後因故未建中央主棟，戰後原址改建為楊卓成設計的中國宮殿式院廈，目前東翼病棟部分留存做為臺南護理專科學校校舍，缺乏法定文化資產身分保護。

一九一八年，宜蘭醫院在原有木造院舍前方建造磚造新院，為兩層樓磚造院舍，特別強調轉角仿石砌部位加強厚重的視覺效果，也延續早期各地醫院雙塔樓的配置。中央設半圓形山

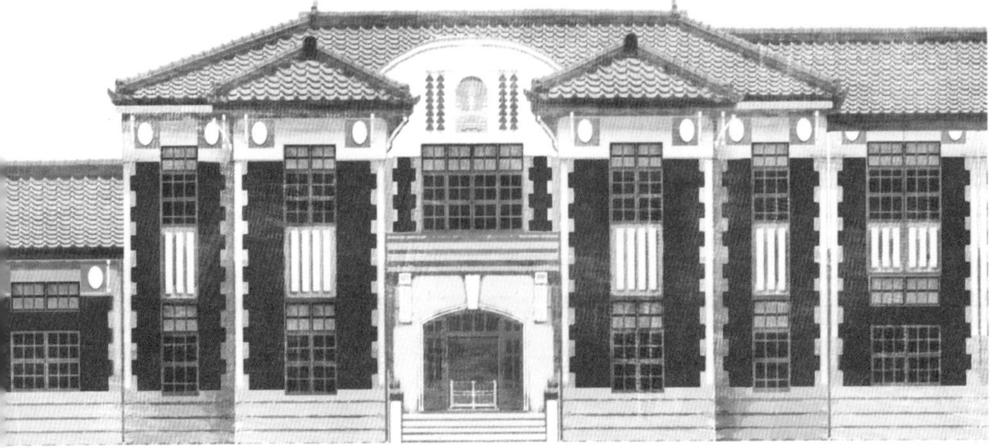

宜蘭醫院，特別強調轉角仿石砌部位加強厚重的視覺效果。

牆強調中軸意象，後拆除改為日式屋頂。在臺北、臺南和宜蘭醫院，都可以看到中榮徹郎設計的早期醫院招牌象徵「衛塔」，至大正時期磚造醫院，衛塔仍為顯著設計表情。戰後在磚牆外包覆水泥改為現代樣貌，一九七四年木造部分首先拆除改建，一九八六年再拆除磚造院舍完成綜合大樓。近年又將面臨宜蘭縣府啟動「噶瑪蘭廳舊址風華再現計畫」而有重大轉變。

臺南醫院，與臺北醫院同為近藤十郎設計。

基隆醫院、新竹醫院

一九二〇年代晚期及之後改建的醫院，由於鋼筋混凝土的普及和建築風格流行的轉變，與明治時期精巧木構和大正時期華麗磚構的醫院截然不同。屬於昭和時代簡潔素雅的院區，包括二戰時遭空襲損毀、戰後由李重耀建築師修復、至今仍在使用的基隆醫院，位於新竹市西門街的新竹醫院，梅澤捨次郎設計的臺中醫院新棟，及現址為臺北市立聯合醫院中興院區的第二代赤十字醫院等，都是在現代主義中加入些許抽象裝飾化古典元素的折衷主義，醫院規模也日漸增長，平面關係漸趨複雜。而鋼筋混凝土的構造特性，可在建築量體上運用圓弧轉角及出挑簷版等設計，空間配置也等距模矩化，有利於病房及儀器配置的科學合理分配。

基隆為臺灣門戶，也是總督府防疫的重點區域，一八九七年即於仙洞設置檢疫所（址今仙洞國小內頤善園），一八九九年於田寮河畔落成港東隔離病院（今基隆市立醫院）。一九二五年由任職官房會計科的畠山喜三郎設計新建院舍，以新式的鋼筋混凝土基礎技術克服地質弱點，一九二九年落成於坡邊現址，營造業者米重和三郎後來也承包松井組設計的東本願寺工程。門廊以仿羅馬式門柱及拋物線型拱支撐，室內大廳有四根十二邊形立柱，貼覆不同色澤的方形面磚為其特色。二戰時遭空襲嚴重損毀、由李重耀建築師修復，改為平屋頂並擴建，今為衛福部基隆醫院。戰後外牆原貼覆二丁掛面磚，二〇一八年完成修繕為紅黃相間壁面，與原貌距離甚遠。

新竹醫院成立於一八九六年，原設於新竹廳廳舍內，後遷至今南門街林森路口的龍王祠及育嬰堂，一九〇八年再遷至西門，一九三〇年增建鋼筋混凝土構造的折衷主義院舍，正立面一樓帶有古典連續拱圈，二樓以不同色澤面磚交叉排列出菱格狀紋飾做為視覺重點，其餘部位線條簡潔俐落具現代感。一九八三年遷址，原建物在一九九六年由省屬臺開公司改建，當時童勝男市長原希望至少留下正立面，卻仍為施工單位拆除，後標售民間新建百貨商場。

基隆醫院，戰後由李重耀建築師修復，至今仍在使用。

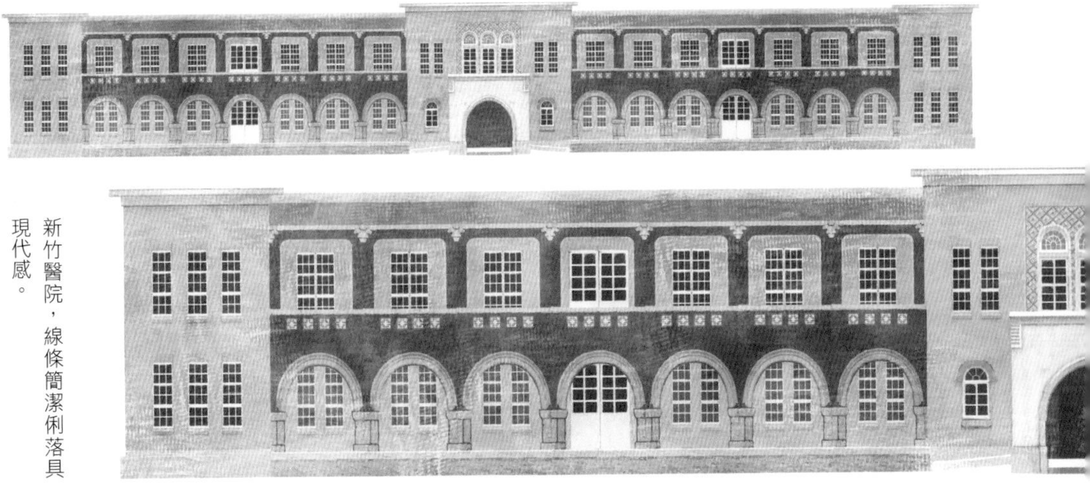

新竹醫院，線條簡潔俐落具現代感。

樂生療養院醫療棟

一九二〇年代以後主要傳染病受到控制，總督府開始著手處理如癩病（漢生病）、肺結核急性病，以及如精神病一類的慢性病，並在全臺十二所公立醫院之外，另成立松山療養所、松山養神院及樂生療養院，隔離慢性病患者。早年因癩病特效藥尚未問世，病患被認為無藥可治且具高傳染性，對理應全知全能的殖民帝國而言，可說是無法面對的晦暗陰影，因而採行一八九七年柏林「第一屆國際癩病會議」的決議，實行「強制收容，絕對隔離」政策，讓這些病人與社會完全隔絕，滿足治理的虛榮表象，也製造許多家庭生離死別的悲劇。

落成於一九三〇年的樂生療養院，擇址於因鐵路遷離而漸趨荒僻的臺北州新莊郡新莊街及新竹州桃園郡龜山庄交界，由總督府技師井手薰主導院區規劃。主院區本館為魚骨狀配置，俗稱王字棟，各棟間以庭院相隔並以涼廊串聯，中央廊道為依山勢而建的無障礙斜坡，在山腰上的位置能引入自然涼風，院區得以維持空氣流通。建築形式採取西洋歷史主義，加強磚造的牆體上覆洋小屋屋架與日本式棧瓦，拱形門窗框貼裝飾深紅色溝面磚增加變化，並反映加強開口結構的演變痕跡。門窗尺寸規格及專供醫院使用的特殊五金，都可與同為總督府營繕課主導規劃的臺北醫院對照。

樂生院民李添培曾形容：「樂生的靈魂就是王字棟的第一進，病人來此，在這裡

樂生療養院醫療棟，拱形門窗框貼裝飾深紅色溝面磚十分搶眼。

定下命運。第一進有行政中心，院長室、行政、總務室等重要單位，過去與二、三進之間有一個『有病和沒病的結界』。」而串聯三進的中央涼廊，以前時常可見院民因不堪病痛侵擾及與世隔絕的痛苦，在屋梁上吊自盡，故有「寒森（漢生諧音）走廊」之稱。

一九九四年，因缺乏人權觀念的規劃思維，以及欲販售山坡土方獲取利潤，臺灣省政府及臺北市政府捷運工程局放棄地形更適合且更具地產開發潛力的基地，選定樂生療養院所在山區為新莊機廠預定地，預計將院民遷入一旁新建的現代大樓中。二○○二年捷運局以有償撥用方式自行政院衛生署取得土地，二○○三年開始首波拆除，王字棟第一進則於二○○七年拆除。

二○○一年，樂生療養院行文臺北縣政府，希望鑑定院區建築歷史價值，卻因面臨開發而遭文化主管機關推託。二○○四年由關心樂生議題的各大專院校學生組織「青年樂生聯盟」，和不願搬遷的院民於次年成立「樂生保留自救會」，從人權、醫療史、文化資產保存等議題切入，展開至今仍在進行中的院區古蹟指定保存與重建運動，並訴求政府實踐承諾，以跨越捷運機廠軌道的減軌覆土重建平臺工法，延伸復原已被挖除的山腳土方，將遭拆除的王字棟與院舍依原貌重建，彌補以往的錯誤政策，努力使院民返家、將院區發展為人權醫療園區。

4 具體而微的私人診所

馬偕紀念醫院

比起日本時代官方有計畫地設置公醫，西方教會系統更早將現代醫療知識帶來臺灣；一八五八年中英簽訂《天津條約》，神職人員陸續來臺後便開始醫療服務。臺灣醫療史上最早的西式醫院，為一八六五年英格蘭長老教會海外宣道會的宣教師馬雅各（James Laidlaw Maxwell）醫師，在臺南開設的看西街醫館（新樓醫院前身）。

一八七二年加拿大長老教會海外宣道會馬偕牧師[4]來臺，一八八○年在滬尾設立的滬尾偕醫館，行醫傳道二十餘年，一九○一年因喉癌病逝。一九○六年宣教師宋雅各（Dr. & Rev. J. Y. Ferguson）醫師夫婦來臺重開偕醫館，一九一一年遷至臺北雙連牛埔庄，由具備建築專業的吳威廉（William Gauld）牧師設計，次年落成，宋雅各醫師擔任首任院長，命名為馬偕紀念醫院，簡稱馬偕醫院。

一九一八年因戰爭停診，一九二四年戴仁壽醫師再開並擔任院長，一九二七年獲英國癩病救助會補助，於今日雙連教會位置建立全臺第一處癩病專科「癩病特別皮膚科診所」。此後，戴仁壽醫師於一九二八年成立臺灣癩病救助會，一九二九年籌畫後來被總督府接管興建的樂生療養院，一九三四年由霧峰林家資助、在淡水郡八里庄成立癩病醫療收容機構，更於一九三六年辭去馬偕醫院院長職位全力投入樂山園的癩病醫治工作。

像馬偕醫院這樣由來自西方的醫療專業者經營、規模與設備都不亞於總督府官方醫院的教會系統醫院，在重大疫情等非常時刻，也時常遭到徵用。一九一八年「虎列拉」（霍亂）突然從基隆港傳入，造成全島大流行，臺北廳警務課成立檢疫事務所，即徵用可以安置大量病患的馬偕醫院為官方稻江醫院的臨時分院。一九四三年臺灣總督府衛生課直接全棟徵用，改名博愛會本部醫院，戰後返還，一九四六年再度開業。

馬偕醫院房舍具有顯著英國紅磚造陽臺殖民地式特點，與同為吳威廉作品的淡水女學校、淡水中學校的牧師樓、姑娘樓，以及吳威廉也參與增建的淡水英國領事館，都屬於同類型建築，但厚重的英式磚牆上覆蓋和式水泥瓦。院區位於今中山北路民生西路口，入口開設於基地東南角；院內除了診療棟，也有模仿淡水牧師樓形式的醫療人員宿舍，並設有供醫療人員使用的庭球（網球）場，充滿英國情調。

戰後隨使用需求陸續增建，廣大的院區內曾有一九二二、一九六二、一九八○年「三代同堂」的建築群組。而歷史最悠久的本館，曾經是內政部

馬偕醫院，厚重的英式磚牆上覆蓋和式水泥瓦。

列冊追蹤的古蹟指定目標，最後仍於一九九〇年代初期遭拆除，並於中山民生路口轉角處設置拱廊造型的景觀設計略表紀念。

宏濟醫院

從總督府中央研究所衛生部臨時戒煙所發展而成，專責替病患漸進式戒除鴉片的更生院，院址原為林清月[5]開設於大稻埕建昌街的第一家私立綜合醫院宏濟醫院。林清月曾於臺北醫院及赤十字醫院研究鴉片，因致力蒐集歌謠，戰後曾任臺灣省文化協進會歌謠委員，故有「歌人醫師」之稱。

宏濟醫院院舍採取帶有紅磚與仿白石帶飾的辰野式英式歷史主義風格，由於是鴉

宏濟醫院是佔地廣大、設計精美的私人醫院

片患者長期治療居住的醫院，以私人醫院而言院區相當廣大，花木扶疏環境清幽。或許是林醫生浪漫的藝術家性格所致，過於精美的院舍和寬廣的院區工程，導致借款過多，結果將整座醫院抵押給臺灣商工銀行。銀行再租給總督府做為戒除鴉片煙癮的「更生院」，由臺灣第一位醫學博士杜聰明[6]擔任醫局長，後來他在這理研發著名的尿檢法，自尿液中檢查嗎啡成分、鑑定嗎啡中毒。

戰後，更生院為憲兵司令部和光復大陸設計委員會接收，一九九一年委員會解散後歸還臺灣商工銀行的繼承者——第一銀行，在內政部辦理古蹟審查前夕遭第一銀行連夜拆除。

蓬萊產婦人科醫院、嘉普醫院、文貴醫院

總督府醫學校人才輩出，民間也出現學習有成、獨立開業的醫師，各自運用店屋空間診療，建造華美門面做為地標。山牆上精緻的泥塑雕飾模仿自官方設計，反映地方匠師的敏銳觀察。蓬萊產婦人科醫院由張文伴[7]開設，是臺灣第一家引進「優格」為產婦強身健胃的婦產科。當時的優格被當作長生不老的珍貴胃腸藥品，從屋頂雕塑到窗戶裝飾的新藝術風格線條也如優格般柔軟。一九九五年拆除改建為邀月大樓，原址位於今臺北市寧夏路和民生西路交叉口靜修女中旁。

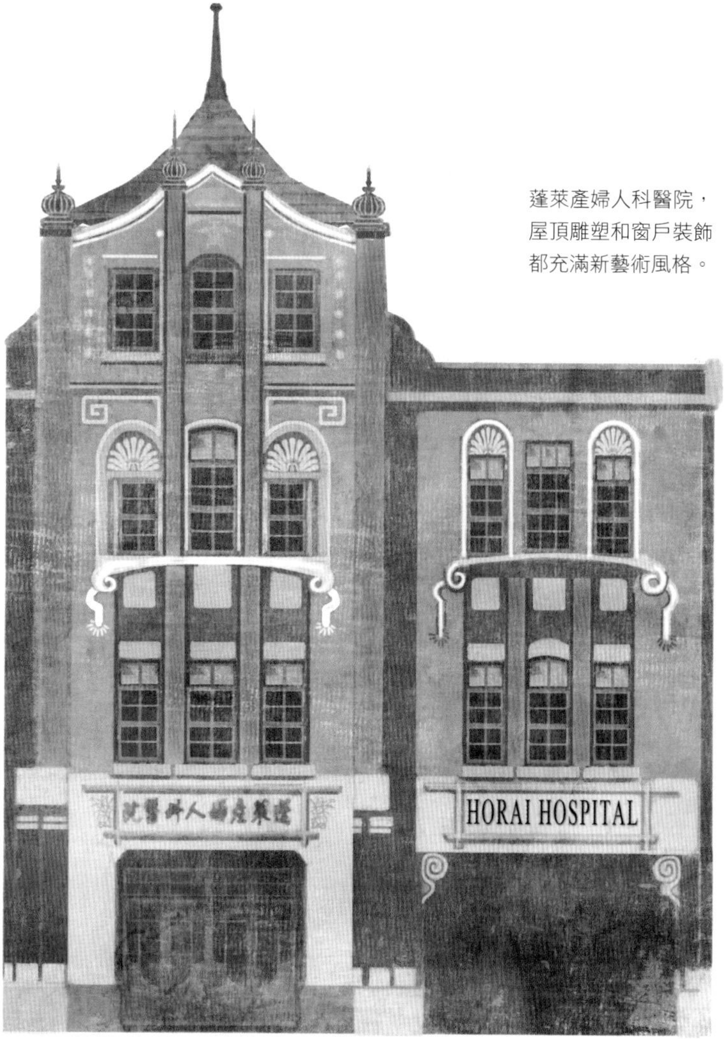

蓬萊產婦人科醫院，屋頂雕塑和窗戶裝飾都充滿新藝術風格。

嘉普醫院由羅東街首任街長陳純精[8]的女婿林嘉普創立。林嘉普畢業於總督府醫學校，在赤十字醫院服務，一九一五年返鄉開設眼科，次年娶羅東街長陳純精長女陳霞為妻。一九三一年，林醫生在羅東最熱鬧的中街（今中正路）興建醫院與住宅，為三開間帶有山牆、騎樓的店屋，因丈人入住而有「街

嘉普醫院，白色磁磚與深色洗石子交錯的帶飾模仿自官方醫院的設計。

長公館」之稱。由白色磁磚與深色洗石子交錯的仿辰野式帶飾做法，於已拆除的臺南下營文貴醫院、臺北艋舺朝北醫院及大稻埕仁安醫院皆可見到。後先拆除南側兩個開間，二〇一五年拆除殆盡，新建的店鋪雖然也採用圓拱騎樓的傳統樣式，但仿紅磚的壁面已脫離了嘉普醫院的風格脈絡。

由曾文貴[9]創設於一九二八年的臺南下營文貴醫院是當地第一所西醫院，院舍分為前棟醫院及後棟住宅，兩層樓高的前棟醫院立面山牆有勳章及花草紋洗石子灰泥裝飾，勳章上有「STO」字樣，二樓外凸裝飾陽臺，一樓以兩根線條樸拙的愛奧尼克式柱塑造門廊入口意象。兩側閩南式山牆則安置臺南地方特色建築構件荷蘭式鐵剪刀[10]，具有閩洋文化融合特色。

二〇〇九年初，地方團體海墘營文史工作室（今財團法人海墘營文化藝術基金會）在文貴醫院成立地方文物館及下營六姓名人館，展示「文貴仙」外診包、藥袋、藥罐、針筒、聽診器等醫療器材，以及牌匾、開業執照等文物，喚起民眾三十多年前在此看診、打預防針、拿藥的集體記憶，以及地方文史故事，反應熱烈，引起媒體報導。

同年底文貴醫院由曾家後代售予相鄰的北極殿玄天上帝廟，預計拆除新建香客大樓。地方人士因其具集體記憶意義，向縣政府申請登錄歷史建築獲准，引起地主上帝廟不滿，認為產權受到侵害展開半年協商，期間臺南藝術大學創意公社學生模仿電影《天外奇蹟》場景，在醫院屋頂綁上兩千兩百顆氣球，傳達保存醫院的訴求。最終文貴醫院仍於二〇一〇年遭拆除，部分牆體被切割保存於麻豆總爺藝文中心。

在日本時代早期，臺人對於學術專業的選擇受限，可選擇的職業中，醫療專業從養成系統即由政府主導，醫師修業年限長、醫學知識門檻高、執照考取率低、執業收入高，因此在社會上受人敬重，深具權威的地位，至今在臺灣社會仍然如此。各地醫院的塔樓，遠望令人聯想到城堡，象徵理性與科學的現代院舍，是醫師知識權威的具體呈現，也是城市中的穩重地景。

後來興建的當代醫院，建築量體越趨龐大，院內終日在中央空調及冰冷的日光燈下不見天日，無法維持以往陽光與空氣穿透病房的空間品質，也因難以看透的複雜內部而被稱為「白色巨塔」。

文貴醫院，拆除前的保存運動為近年臺灣文化資產重要事件。

第4章

宗教建築：心靈到國族的信仰聖殿

1 慈悲與殘酷交會的梵宮佛殿

宗教源於人類的精神需求，各大宗教早期傳教空間本也沒有固定型制。佛祖釋迦摩尼最初遊歷四方，在菩提樹下傳經講道，學生圍坐其旁，這樣的形象也出現在聖經有關耶穌傳道的段落中；神道教則屬於泛靈信仰，自然界無處不是神明，都屬於神靈存在的空間。各種宗教的建築空間，皆因禮儀制定、儀式進行的需求逐漸發展而成，借代世俗的王權形象，許多教義的追求到最後都體現為對於壯美堂寺的崇拜。

佛教傳入中國後，早期建築原本只是僧房圍繞著佛塔，後來逐漸發展出寺院，先為塔寺並重，後來演進為寺重於塔，最後發展至人造建築意志企圖凌駕自然環境。今日如南投中臺禪寺、高雄佛光山佛陀紀念館，以及慈濟在全臺各地的館舍等，都可視為此一趨勢的極致呈現。

明治時期的佛教徒與軍旅淵源頗深，厲行神佛分離政策的薩摩藩（現鹿兒島、宮崎與沖繩局部地區），有一千多座寺廟被廢棄，近三千名僧侶還俗，其中三分之一為求生計加入軍旅。而薩摩藩是征臺軍的主力，撫慰離鄉背井兵士心靈的日本佛教團體「隨軍布教使」，也逐漸走出明治初年「廢佛毀釋」的陰影，來臺照顧可能是往日同門師兄弟的傷病者、處理戰歿者後事，逐漸站穩腳跟。隨著他們來臺的佛教寺院形式，則是傳承自中國、在日本延續生命的唐宋古風。

在飛鳥時代，大乘佛教從朝鮮半島百濟傳入日本，帶來自天竺起發展千年的深厚文化底蘊，包括中國化的宗教祭祀與儀典空間。日本原有的神道信仰場所，也透過中國匠師傳習，接納吸收佛教建築的構造技術，發展更為精緻複雜的神社建築。由於日本尊重工藝職人的傳承，以及與神道信仰融合後對於物品的珍惜愛護，而能將唐宋時期的大木匠藝在日本國土永續保存，鮮少受到中國明清以後寺殿裝飾逐漸繁複的影響而保有古樸之風。

臺灣原有的漢人寺廟，則是中國由北向南傳播，並經改朝換代發展而成的閩南泉、漳與少數粵東風格，具有地域特殊性。日本時代來臺的北方風格佛寺，便與其融合為豐富的寺院建築文化。

日本佛教來臺不僅傳教，也透過興辦教育事業，提升現代化競爭力及延伸宗派影響力，如曹洞宗創辦的臺灣佛教中學林（今泰北中學）、淨土真宗開設的臺南家政女學校（今光華高中）、淨土宗興辦的臺南學堂（今南英商工）等。

從前幾任臺灣總督對於宗教事業的鼓勵與扶持，也可看出宗教力量穩定人心乃至政局的重要功能。兒玉源太郎[1]總督延請臨濟宗梅山玄秀禪師來臺開山，創建鎮南山護國禪寺，也曾於一九〇三年頒「樹心佛地」匾額予淨土真宗本願寺派臺灣別院；安東貞美總督時期，著名學者淨土真宗西本願寺派第二十二代當主，亦為大正天皇連襟的大谷光瑞[2]也來臺巡錫（僧人雲遊）。各宗派競相爭取信眾，足跡深入生蕃領域，布教事業發展蓬勃。

首任文官總督田健治郎任內，總督府為有效控制民間宗教勢力，更加主導佛教發展，由內務局社寺課課長丸井圭治郎[3]成立「南瀛佛教會」，分為「齋佛融合」、「佛教現代化」及「佛教皇民化」等三個階段性的任務。該會以演講和刊物發行宣導理念，網羅民間曾經組織抗日活動「西來庵事件」的齋教信徒，並拉攏臺籍佛教領袖，如基隆月眉山靈泉禪寺善慧法師、五股觀音山凌雲禪寺本圓法師，將其收編於日本正統佛教曹洞宗與臨濟宗等。可見宗教不但具有撫慰人心的功效，更是統治階級的治理工具。

曹洞宗大本山臺灣別院

因宗派脈絡、建造時代與信眾勢力等差異，日本時代的佛寺空間也有不同面貌。

位於東門町的曹洞宗大本山臺灣別院，最初落腳城內文武廟，後遷北門街設布教所。一九〇八年，著有《釋迦實傳記》的院主伊藤俊道購買東門外四千餘坪建寺用地，以東京永平寺為本山，由總督府技師入江善太郎設計的木造大殿於一九一〇年落成，後來在一九一四年因風災而嚴重損壞。一九二〇年起，寺方規劃重建大殿，由曾任陸軍部經理部技手的青木芳太郎設計，並於大殿北側設置供本島人參拜的觀音禪堂，是將臺灣佛教信仰保留在日本佛寺、並讓信眾分流的細緻安排。

曹洞宗大本山臺灣別院，將俗稱「龍宮門」的鐘樓置於參拜起始點。

一九二三年新大殿落成，為獨特的雙入口配置，朝西側鐘樓面為平入[4]，朝東側為妻入[5]內部梁柱則以鋼筋混凝土模仿闌額、虹梁、雀替到手挾（雞舌）等木作的細緻紋路，維妙維肖。一九三〇年，寺方增建鮮明入口意象，延續江戶時代流行，與圓山臨濟宗妙心寺派護國禪寺採取相同設計，將俗稱「龍宮門」的鐘樓置於中軸線上的參拜起點，並聘請京都著名鑄鐘師高橋才治郎鑄造大鐘。高橋的作品有京都八坂神社青銅狛犬、橫濱曹洞宗大本山總持寺大梵鐘等著名案例，在臺北成都路天后宮（原真言宗弘法寺）和臺中犁頭店萬和宮也可見到，足見其聲名遠播。

戰後，屬於日產的曹洞宗臺灣別院由行政長官公署接收，設置社會部勞動局臺灣分站辦公室，後又做為國民政府軍隊駐紮處。軍隊遷出後，眷戶在大殿內外隔間佔住，觀音禪堂則更名為東和禪寺，由心源和尚擔任首任住持。一九八五年，臺北市政府教育局預計在此興建臺北市青少年育樂中心，經過漫長的規劃，並逐步遷出住戶。

當時臺北市政府決定拆除禪寺，引發文史及建築等領域專家學者、佛教界人士、民間團體、周邊居民及學生代表聯名聲明，希望臺北失去東、西本願寺後，不要再拆除日本時代完整保存的重要佛教文化遺跡，建議將佛寺妥善修復，便能成為青少年最好的育樂空間。特別是因自身經歷而對日本時代遺產普遍評價不高的「古蹟仙」林衡道先生，也因曹洞宗在臺時期對本島漢人極為友善，熱心賑濟興學的慈悲態度及作為，懇切呼籲市政府全區完整保存這座市中心珍貴的日本佛寺。然而在當時的議長強力意志下，仍在黃大洲市長任內，先藉機以怪手搗毀本堂屋頂，使其形貌更加破敗，一九九二年又將本堂大殿及附屬設施拆除，僅以類似「立面保存」的做法，指定入口鐘樓為臺北市市定古蹟保留，聊表「新舊共存」的文化態度。

淨土宗總本山知恩院臺北別院開教院、淨土真宗本願寺派臺灣別院

隨建材演進，日本淨土宗總本山知恩院臺北別院開教院以鋼筋混凝土仿做傳統木構的形式，最初建於府前街（今重慶南路），後因市區改正遷至圓山忠魂堂，一九二六年再由圓山遷至樺山町，管理全臺淨土宗寺院。一九三六年，委請後來設計臺中彰化銀行總行的總督官房會計課技手畠山喜三郎，以鋼筋混凝土仿造木構建築細部設計新殿。戰後由臺北市政府教育局接收，交由李子寬居士管理，以唐代高僧「善導」為新寺名。

一九八一年，善導寺拆除庫裡[6]等附屬建築，由王昭藩建築師設計興建九層樓慈恩大樓，亦將木構型態融入現代建築，一九五八年由丹

淨土宗總本山知恩院臺北別院開教院，以鋼筋混凝土仿造木構建築設計。

下健三設計的香川縣廳舍也可看到類似設計。一九九〇年代，在臺北市文化局即將對建於一九三六年的大雄寶殿進行文化資產現勘前，寺方為避免進入文化資產審議而緊急將其剷平，另建九層樓高的新殿，成為忠孝東路現代化大樓群景的一部分，往日幽靜的寺院風光蕩然無存。

規模宏大的臺北淨土真宗本願寺派臺灣別院，又名西本願寺，具有日本飛鳥時代伽藍的不對稱配置的特色。一八九五年，真宗本願寺派隨軍來臺，最初借用北門外街的道觀至道宮（魯班廟），後因總督府鐵道部擴張用地而遷移，一八九七年購買臺北城西門外新起町土地興建布教場地，一九〇〇年正式動工，此為第一代本堂，淨土真宗臺北布教所並升格為臺灣別院。

第一代西本願寺後因位於都市計

西本願寺，本堂大殿壯觀的形象讓畫家席德進讚嘆不已。

畫道路，一九二二年另於新址興建，陸續完成御廟所、鐘樓、樹心會館及本堂。一九三一年落成的本堂，聘請總督府技師井手薰擔任工程顧問，採用皇室御所的紫宸殿形式，由松井角平的營造廠松井組（今松井建設）承攬工程，以臺灣檜木為建材，基礎則使用當時日漸普遍的防蟻混凝土地基。之後又建造了庫裡及山門，全部工程於一九三四年完竣，大谷光瑞派弟弟大谷光明來臺主持慶讚法會。

新本堂建坪達三百餘坪，寬約三十四公尺，高度約二十三公尺，分為兩層，上層分外陣與內陣，下層基座內有圖書室、會議室、事務室、宿舍及食堂等服務空間。遠觀全盛時期的景色，建築群連綿而成的天際線，讓人聯想到京都和奈良的寺社風景，慰藉不少在臺日本人的思鄉情懷。戰後從四川來臺執教的畫家席德進[7]對於本堂大殿壯觀的形象讚嘆不已，盛讚蕞爾小島竟然也有如重現大唐盛世般的佛殿跨越時空雄踞中華路旁，八棟鋼筋混凝土構造的中華商場大樓完工後，仍不掩其壯觀。

一九七五年，上層木造部分殿社因用火不慎招致祝融全毀，據目擊者回憶，事發當天下午烈焰濃煙沖天，數里外可見，焚燒木頭的香氣連縱貫線通過的列車廂內都可聞到。爾後，戰後進駐的中華理教公所在下層平臺基座上搭建鐵皮屋持續使用，而平臺基座則由住戶自行隔間居住。二〇一一年起臺北市政府開始遷出寺院範圍內的住戶，由工務局公園路燈工程管理處以「萬華四〇六號廣場」之名進行整修，復原輪番所、樹心會館及鐘樓、本堂大殿及御廟所臺座遺跡，做為供民眾使用的公共空間，其中本堂大殿二〇一四年由臺北市文獻委員會進駐辦公。

淨土真宗大谷派臺北別院

日本時代最特別的佛教寺院，莫過於延續建築史家伊東忠太作品東京築地本願寺的天竺樣式風潮所設計的，淨土真宗大谷派本願寺臺北別院；做為臺灣僅見的印度佛寺，為佛寺建築增添豐富面貌。又名東本願寺的淨土真宗大谷派臺北別院，位於臺北壽町二丁目，與真宗本願寺派同宗，兩派自十七世紀分家後，真宗大谷派依照其本山（真宗本廟）在京都的位置而稱同派寺廟為東本願寺，真宗本願寺派寺廟為了與之區別，稱西本願寺。

一八九五年，大谷派隨軍來臺，一八九七年落腳大稻埕千秋街，一八九九年於城內府前街二丁目建木造寺院，後遭火災焚毀，一九二八年遷往壽町，再度遭焚，遂改建為鋼筋混凝土構造，與西本願寺本堂同樣委由營造廠松井組負責設計監造。松井組在日本有「社寺的松井」之稱，有重建災後的東京新橋演舞場、築地本願寺的經驗。

築地本願寺的設計者為建築史家伊東忠太，其主張日本建築源流上溯印度，故採取印度寺廟風格。而松井組負責人松井角平，與後來的日本建築學會會長岸田日出刀是東京大學同學，曾受教於伊東忠太，故承襲其理念，打造臺灣罕見的印度風寺院，中央圓頂高約二十五公尺，一九三六年竣工。

除了伊東忠太的理念，本願寺派當主大谷光瑞對古文明的喜好也影響了相關教團的建築風格。一九〇〇年，尚未繼承當主身分的大谷光瑞被派往歐洲考察宗教，見識到斯文赫定的中亞探險成果，便加入

東本願寺，為當時臺灣僅見的印度佛寺。

英國皇家地理學會，組成大谷探險隊，三次前往中亞考察佛教文明，足跡遍布絲路，將許多文物運回日本，收藏於亦為伊東忠太設計的別邸神戶二樂莊，部分寄存京都帝室博物館。

往後數年，西本願寺的大連、函館、大泊（位於樺太）、仙台、鎮西、布哇（位於夏威夷）、神戶、上海等別院，皆勇於嘗試混合各種東方文化元素。臺北別院雖然不屬於本願寺派，而是同宗的分支大谷派，但也屬於此泛亞洲主義風潮下的作品。

戰後，臺北的東、西本願寺殿由惡名昭彰的臺灣省行政長官公署警備總司令部接收，而後又分別由情報處與保安司令部第二處使用，無數關押與拷問在此發生，過去寧靜肅穆的佛門聖殿，成為淒厲哭號的肅殺刑場。原本突顯大殿氣派並內置許多事務機能的高聳臺基，成為受難者暗無天日的人間煉獄；王育霖、辜振甫曾被囚禁於西本願寺，林茂生、陳炘、張秀哲等人曾被囚於東本願寺。對有冤難伸而被卡車載去法場處決的受難者而言，離開狹小潮濕、腐味瀰漫的監禁室，或許反而也是另一種解脫，而少數幸運獲救者，如張秀哲也從此對政治噤聲。諷刺的是，以慈悲聞名的淨土真宗之祖親鸞聖人，曾主張只要堅定信仰，無論何人皆能得救的「惡人正機說」，恐怕連他也難以預料兩寺空間之轉變。

警總裁撤後，一九六七年，東本願寺由國產局標售予合資財團，如今有獅子林商業大樓、六福西門大樓與誠品武昌店三座商場立於其上。偌大的西本願寺殿場域則成為來臺軍民與外地移民安身立命的大雜院，雞犬相聞的鄰里生活，形成內向而凝聚力強的社群。佛寺空間因改朝換代造成的變化，實為臺灣坎坷命運的縮影。

淨土宗嘉義法隆寺

淨土宗位在嘉義的法隆寺，雖然小巧，但延續了留傳到日本的宋代寺院（如中國河北正定隆興寺摩尼殿）特色，將歇山頂側牆做為正面山牆，於是，不曾屬於宋朝領土的臺灣卻因獨特的歷史脈絡，保留了這些跨越時代風格與形式的「飛地」。

戰後，法隆寺由嘉義縣佛教會接收使用。二〇〇八年在地方文化工作者欲提報為古蹟保存之際，遭佛教會快速拆除，後改建為四層樓新廈。新廈風格尚可見到如千鳥破風等模仿舊寺傳統風格語彙等設計手法，但比例與細節盡失，整體氛圍已不復存在。

嘉義法隆寺，跨越時空保留了宋代寺院的風格。

2 從萬物有靈的戀愛聖地到國族聖殿

屬於泛靈信仰的神道教，讓日本人有對自然萬物充滿敬畏的傳統，也反映在神道的祭祀場域「神社」。相較於崇尚巨構奇觀的聖堂神殿和梵宮佛塔，神社更傾向於就地取材，簡單構築與環境調和的人造空間風土營造。在佛教傳入日本之後，日本人將習自中國隋唐的寺殿建築技術與風格形式運用於神社，原本樸實的社殿風格遂逐漸走向莊嚴華麗。

繼承傳統建築工法之外，神社發展出由鳥居、臺階、參道、手水舍、石燈籠、繪馬掛、狛犬、神馬……大小不一所組成的各式構造，形成的獨特參拜動線。可見神社的場域神聖性，並不限於建築物內部，而是由鳥居界定的整個神域，自然界的花鳥草木都是神靈使者，須以虔敬之心對待。也有人認為這樣的信仰文化，讓日本人習於對「非人」的物品投射情感，是他們喜愛將物品擬人化、熱中創造吉祥物的文化根源。

日本時代，神道信仰飄洋過海來到殖民地臺灣，但在昭和年間推行國族色彩濃厚的「一街庄一社」政策之前，並未排擠臺灣固有信仰，而能與之和平共處；從海邊到高山，從市場邊到百貨公司頂樓，都能見到神社蹤影。對於佛道混合信仰的漢民族社會而言，多拜幾尊神明也無傷大雅，只是空靈幽靜的神域，和寺廟中人聲鼎沸、香煙裊繞的環境大異其趣。在文學作品中，隱密的神社竟成為情侶們談情說愛的場所；或許戀愛中特別容易對自然萬物投射情感的戀人，和泛靈信仰神域的場所精神不謀而合。

從戰前臺灣總督府推行皇民化運動而大肆興建神社，到戰後因國民政府認定為軍國主義象徵而刻意拆毀改建，此種複合工藝技術與歷史文化價值的空間，在短時間內不自然地急速成長也急速消逝，見證島國認同紛雜的歷史。近年花蓮鳳林林田村、臺東鹿野龍田村、原為日本鋁業株式會社花蓮港工場的臺肥海洋深層水園區（前臺肥花蓮廠），以及屏東牡丹鄉高士村等，皆由地方民眾發起重建消逝神社的活動，這是源於社區意識興起，欲尋回生活場所的歷史，並增添觀光資源等考量的新風潮，逐漸超脫過去引發爭端的歷史詮釋爭議。

臺灣神社

臺灣社格[8]最崇高的臺灣神社建於一九〇一年，主祀北白川宮能久親王、大國魂命、大己貴命與少彥名命，其址劍潭山原為法國領事館租界、劍潭寺與私有地，總督府因風水考量擇定，透過複雜程序取得的土地，聘請名家伊東忠太、武田五一[9]設計，皇室御用工匠木子清敬施工，並設淡水線火車站宮ノ下乘降場（今劍潭站），建明治橋連接敕使街道（今中山北路）。武田五一與森山松之助為同班同學，有「關西建築界之父」美名，當時剛從東京帝國大學建築系畢業，承接此之初感到非常光榮，後來卻略有微詞，原因是神社規格甚高，已由知名前輩伊東忠太完成基本構想，讓武田在設計上難以發揮。

一九三七年，臺灣神社於新境地擴建，由井手薰設計，一九四四年增祀天照大神後升格為臺灣神宮，但同年因客機墜毀而嚴重毀損，未及重建，日本時代即結束。戰後新建中國宮殿式建築圓山聯誼會。

原臺灣神社建築，戰後由宋美齡主導的臺灣省敦睦聯誼會整修沿用為圓山大飯店，一九七三年重新改建為十四層飯店大樓，並於參道上開挖游泳池，神社社務所改為泳池服務室。神社構件與文物流離四散的命運如同北京圓明園：神社鳥居原本做為圓山大飯店大門，後賣給三峽清水祖師廟做為龍柱材料；宮燈被移往圓山兒童育樂中心；銅牛移往臺灣博物館；狛犬移往劍潭公園入口；現置於飯店金龍廳內的金龍雕塑，則為原本神社銅龍。

金瓜石神社、高雄神社

有些獨特的小型神社，祭祀對象與當地產業緊密連結，如護佑礦區安全的金瓜石神社，屋頂形式原為入母屋造，後為抵抗當地空氣的腐蝕性物質，以鋼筋混凝土改建為神明造[10]。近年由產權單位（臺電）

臺灣神社，神社文物流離四散的命運如同北京圓明園。

自行修繕其殘跡，將原本極富特色，由鋼筋混凝土柱與木構造屋架共同構成的柱上卡榫溝槽，及刻於柱上的奉獻文字，以不同顏色的水泥填補糊平，成為討論古蹟修復應否「還原」的真實性議題案例。

一九一〇年，打狗金刀比羅神社創建於壽山，是從日本香川縣金刀比羅宮分靈而來，祭祀大物主神、崇德天皇，一九二八年舉行遷座祭及增祀能久親王的合祀祭，更名為高雄神社，一九二九年由高雄州廳及市役所合資並募款十萬餘圓，改建落成新社殿，位於壽山山腰七千餘坪公有地，望向海洋，視野天寬地闊，擇址考量也反映港都城市發展與地形地貌的特色，透露高雄與海洋密不可分的身世。一九三二年列為縣社社格，戰後改建為高雄市忠烈祠，神社構造目前尚存一座被修建為中國式牌坊的明神鳥居與數

神明造案例——臺南神社

金瓜石神社為抵抗當地空氣的腐蝕性物質，
以鋼筋混凝土改建屋頂為神明造形式。

高雄神社，落於山海之間，將信仰融入自然環境。

座石燈籠殘構。

高雄神社與金瓜石神社分居南北，社格與規模也不相同，但都座落於山海之間，將信仰融入自然環境，也藉地形景貌加倍襯托神聖場域的異質感。

臺灣護國神社、建功神社

靖國神社祭祀為國捐軀的軍人，是唯一由軍方參與管理[11]的最高等級場所，但日本陸軍不同意軍方進行祭奠儀式時，將曾為討伐對象的次等民族的臺灣人列入國家英靈的行列，因此不在殖民地建造靖國神社。而總督府迫於戰情必須開始向臺籍人民徵兵，故以殉國者名義建造無社格的護國神社，做為祭祀臺籍戰歿者之地的折衷措施。

一九四二年，總督海軍大將長谷川清下令在東鄰臺灣神社的基隆河畔大直建造臺灣護國神社，並列為「指定護國神社」[12]。本殿屋頂採平入形式的入母屋造，兩側翼廊如鳳凰展翼般延伸，遠觀頗有京都宇治平等院鳳凰堂古風。戰後也延續相同使命，改為忠烈祠。後因美國總統艾森豪訪臺時曾質疑為何保留日本神社，於是何應欽將軍提出拆除重建的計畫；一九六九年選定石城建築師事務所姚元中建築師仿紫禁城太和殿的中國北方宮殿樣式重建，原神社的一座銅馬流落至二二八和平紀念公園。

臺北建功神社祭祀不同國族的公職殉難者，具有連日本國內也未曾出現的混合多元文化風格。從鳥居到本殿的配置一應俱全，與一般神社無異，但建築風格呈現前所未見的多文化共奏：覆琉璃瓦的鳥居帶有中國牌坊形象；神橋欄杆兩頭安置漢式廟宇石鼓；外覆洗石子材質的西洋式手水舍，且配置於中軸線上。最特別的是帶有仿漢人民居抬梁式[13]屋架木構的拜殿外側迴廊，以及主體搭配羅馬式三角帆拱[14]，與略帶拜占庭風格穹頂的本殿。

建功神社的設計者井手薰迴異於他的前輩——如主張發展東方歷史主義的伊東忠太，或堅持學習西方歷史主義的長野宇平治，他不在各種歷史主義文化選擇間爭辯，反而以更廣闊的視野兼納各種文化優點，消化詮釋不同文化觀點，設計出符合地方需求的嶄新風格，既跨越國族框架，又貼近在地紋理，其透過建築傳達廣闊包容的思想，在今天看來仍屬先進。

戰後，建功神社先後由來自北平的國語日報社、遷自南京的中央圖書館進駐使用，並由建築師陳濯設計改建為帶有中國風格的攢尖頂[15]，在原本的銅皮圓頂上覆黃色琉璃瓦，並增建配置成為四合院，後由國立臺灣護國神社祭祀臺籍戰歿者。

建功神社，建築風格則呈現前所未見的多文化共奏。

教育資料館、國立臺灣藝術教育館等單位使用；原本神聖的本殿，則先後做為閱覽室和展覽場地，融入一般民眾的日常生活。種種改變呈現了改朝換代的國家意識形態對建築形式所造成的影響，但曾經祭祀於其中的一萬五千六百九十一位因公殉難者，包括三千五百三十位臺籍人士的身影，卻就此遭到抹滅和遺忘。

3 天使停駐的人間棲所

基督徒在最初被迫害的時代，都是躲藏於巖窟洞穴內聚會，教堂並無固定的建築型式，爾後成為西方世界主流文化，在不同民族的演繹下，產生各式各樣的空間形式。其中最常出現的主要空間元素，一是上達天際的高聳塔樓，二是象徵天國的渾圓穹頂，這兩項特徵者主宰歐洲城鎮天際線上千年，也隨基督教信仰傳播至世界各地，成為各國教堂建築的原型。然而，以教會的立場並不希望這種源自歐洲的鮮明建築形象，讓不同文化背景的信徒對基督教產生排斥，因此教廷在一九六三年第二次梵蒂岡大公會議，對世界教堂建築提出幾點建議，其中之一便是「與本地文化價值的整合」。

節錄當時通過的《禮儀憲章》如下：「教會從來沒有把某一種藝術風格看作是本有的，而是就各民族的特性與環境、就各派禮儀的需要，採納各時代的作風，形成歷代彌足珍惜的藝術寶藏。連我們現代的、各民族各地區的藝術，在教會內仍可自由發展，唯一的條件是對聖堂和神聖典禮保持應有的尊重與敬意，如此則可以在歷代偉人對教會信仰合奏的光榮之曲，也增加新的聲音。」

從這段決議內文，可見教會認為建築應隨地域和時間不同而有所變化，每個時代的教堂都有該時代與時俱進的特徵，傳播至全世界後，也都會改變自身融入當地文化。與東方釋、儒、道等信仰的祭祀空間慣於維持傳統建築風貌、以不變應萬變的原則正好相反，從原為多神信仰的羅馬萬神殿到伊斯蘭教的哥多華大清真寺，都可以被基督徒改造為敬拜耶穌的場所，目的即在於避免讓人覺得基督教是外來信仰，而是自然存於內心。

新店教會、濟南長老教會

例如由加拿大傳教士馬偕親自設計，因中法戰爭時毀損而獲清政府賠償重建的七座賠償教會，雖然外觀乍看為西式教堂，但細部許多裝飾語彙及構築方式，都使用了漢人的傳統建材與工法，以向地方原生文化取材的智慧，表現東西方文化融合的建築理念。其中之一的新店教會，於一九七四年設教百週年改建竣工，新教會建築仍保留十九世紀老教會的尖塔鐘樓等元素，但外觀已不見本土文化的痕跡，這或許可以理解為西方建築形式已經成為本土文化的一部分。

新店教會為馬偕設計的七座賠償教會之一

但在日本時代，來自西方的宗教有不同的任務。日本基督教會除了與本土佛教組織同樣因慰勞軍人來臺，牧師甚至也教授英文。最初來臺的基督徒曾不分派別組成「基督徒一致會」，原本沒有固定的禮拜空間，自一八九六年河合龜輔牧師來臺，以每日教授軍隊士官兩小時英文為條件，借用臺灣守備隊第二大隊本部營舍傳教，在傳道時也進行文化交流。直到一九一六年由井手薰設計新禮拜堂，一九三七年改名幸町教會，今為濟南長老教會。

蓬萊町大聖堂、樺山堂、臺北組合基督教會

在學習西洋事物的風潮下，西方宗教是進步文明的象徵，維持其西方建築面貌，方能強調伴隨宗教而來的先進文化與思想。也因此，二十世紀初臺灣各教會的教堂，仍遵循各種發展自歐洲的風格樣式。其中，從根據地臺南北上傳教的天主教道明會，在臺北建造分屬臺籍與日籍教友的蓬萊町大聖堂和樺山堂，最為壯觀。

除了擁有與高雄玫瑰聖母堂相似的醒目尖塔造型之外，大稻埕的蓬萊町大聖堂還具有臺灣教堂少見的八角型穹頂，但在一九四五年因轟炸嚴重損毀，後來攝影家張才記錄下僅存的殘破穹頂，而成為戰後初期臺北著名的景觀，一九六一年拆除改建為現代主義風格的直線條玻璃帷幕外觀。

因應市區向東發展的新住宅區需求，一九二九年於樺山町（今忠孝東路紹興南街路口東南側）新建供日本人聚會的樺山堂，原為新教日本循道宗（衛理公會）教堂，後來被教宗若望保祿二世擢升為司

蓬萊町大聖堂擁有醒目尖塔與豪華八角型穹頂，十分少見。

樺山堂從新教改隸舊教的過程

鐸級樞機的里脇淺次郎[16]，曾於一九四一年來此擔任臺灣教區長，是擔任此職的第一位日本人，直到戰後交接給從中國來臺的神父。戰後樺山堂改為華山救世主堂，一九七二年因忠孝東路拓寬拆除，遷於原址新建的三綱大樓內。

隨著時序推移，跳脫千年傳統歷史主義的教堂建築也陸續出現。位於富商李春生家族地產的臺北組合基督教會，受分離派建築運動的影響，是臺灣教堂建築走向現代的先聲，著名的建築技師近藤十郎曾在此教會受洗。教會曾協同日本聖公會（今中山教會）、日本聖潔會（位於今東門教會）等教派，舉辦布道會與「日曜學校」等宗教教育和社會教化事業。戰後教會被拆除，原地改建為許昌街臺北青年國際旅館（YMCA）。

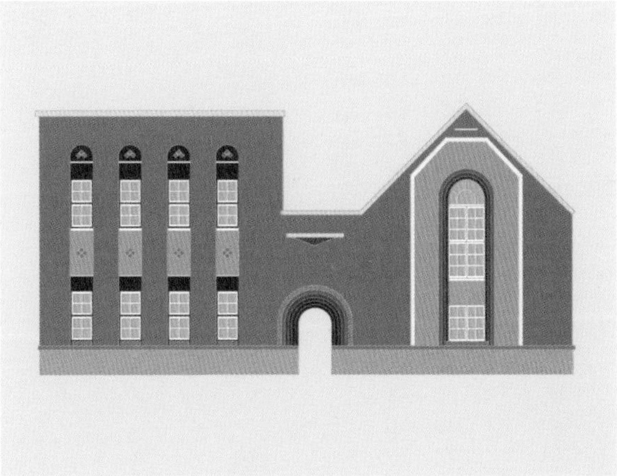

臺北組合基督教會，是見證臺灣教堂建築走向現代的先聲。

儘管大多數的宗教都不希望人類區分國族，但在戰爭時期，即使信仰同一個宗教，還是會有敵我之分，希望神不要保佑敵人，因此在戰爭期間全世界被摧毀的美麗教堂不計其數。為了保存集體記憶與記取教訓，後來大都以各種手法進行不同程度的復原重建。

例如建於十四世紀、具有哥德式尖塔的英國考文垂主教座堂，一九六二年由建築師斯彭斯（Basil Spence）設計新舊融合的方案重建完成；建於十六世紀、具有巴洛克風格美麗穹頂的德國德勒斯登聖母教堂，在二〇〇五年完全依照原貌重建完成；建於十九世紀、仿羅馬式的日本長崎浦上天主堂，在一九五九年模仿舊堂風格樣式新建完成。

然而，具有尖塔和穹頂的蓬萊町大聖堂卻完全遭到剷除，重建為全新風格教堂；另一座沒有受到太多空襲波及的樺山町天主堂，也被拆除遷至原址新建的辦公大樓內。或許在教義上，這樣的空間象徵轉換，就是與臺灣社會過度重視房地產、曲解「有土斯有財」意義的「本地文化價值整合」。而在中華民國政府來臺後，逐漸出現具有東方傳統建築特色的教堂，則是與另一個國族象徵調適的精采篇章。

衛道中學教堂

由於自然洞穴的居住經驗，在歷史上，人造空間從單體建築的構成到群體聚落的排列，一開始大都為不規則的曲線造型。空間會逐漸朝向方正格局，就技術層面而言，是因為工具的演進以及材料生產系統的規制化，但進一步來看，人類社會逐漸建構出系統性的禮制和階級，以及應運而生的儀式行為，這些文化因子促成了循規蹈矩生活的方正空間，也便於計算土地及建材成本。

在歐洲建築史中，方正空間在十七世紀巴洛克風格時期被強調動感態勢的空間打破，後於十九世紀末的新藝術運動中被模仿自然界的曲線所突破，接下來在二十世紀的表現主義中，曲線空間再度出現。

源於現代主義思想但背離其教條般呆板形式的表現主義風格，因技術層面材料工法的進步而得以實現。近代鋼筋混凝土的運用在二十世紀初發展成熟，符合了突顯內心情感、強調有機的表現主義設計之需求。

在戰後臺灣多以男性執業、並以理性方正格局的現代主義為主流思潮的建築界中，修澤蘭以復古主義經典作品陽明山中山樓而聞名，也是極少數的臺灣表現主義建築家。雖然在戰後壓抑的政治氛圍下，建築造型難以離經叛道，但接受南京中央大學建築系正統學院教育的修澤蘭，仍試圖在設計中納入帶有幻想色彩的浪漫手法。這歸功於與她共組「澤群建築師事務所」的丈夫傅積寬，其畢業於上海交通大學土木系的工程背景，成為修澤蘭各種造型的結構之後盾。

修澤蘭以稀有的女性建築師身分，承接了許多女校校舍，累積豐富的校園建築經驗，如今被保存下來的有：遮陽雨庇像是浮雲般飄過大門的蘭陽女中圖書館，竹節造型排列的細柱在室內營造彷彿身處竹林的奇幻效果；以拋物線拱圈構成的臺北中山女中禮堂；以薄殼構造構成的臺北景美女中行政大樓與圖書館等，將女性柔美特質與混凝土多變彈性產生奇妙的連結。

最為特別的傑作，卻是完成於一九六七年，位於原為男校的臺中天主教衛道中學內，既像海豹、又像大鵬鳥的教堂。構成大跨距的曲線薄殼系統，是鋼筋混凝土純熟運用產生的表現手法，而流動的室內空間、屋頂採光鑲崁玻璃花窗、聖壇側牆鏤空的十字光線塑造的神祕效果，又與天主教反宗教改革的巴洛克宗旨遙相呼應，或者與更遙遠的石器時代穴居經驗連結。

在數位化操作設計出現前數十年，臺灣就曾擁有這樣強烈反映人類感情的劃時代經典作品。可惜一九七七年在市區地產炒作的風氣下，第四期重劃區中的進化北路橫穿校園，這座奇特的教堂因遷校而遭拆除，現今僅能在同為修澤蘭作品的臺北新店花園新城內的新城教會，看見類似的手法。修澤蘭作品中，與理性現代主義的妥協與突破，至今仍能給我們許多啟示。

衛道中學教堂，戰後臺灣曇花一現的表現主義經典作品。

第5章

學校：純真年代的集體記憶

臺灣的近代教育始於荷西時代，歐洲人在居住區的城堡內設立教堂與學校，為臺灣帶來教育空間的革命。傳統漢人書院、儒學、義學、社學及私塾的目的皆為科舉應試準備，教材內容千年以來變化不大，授業方式多由夫子坐於教室後方督視學生自習經典，學生若有疑處可向夫子請教。但西方學院的授課空間，是由老師站在教室前方的講臺講課，學生與之面對坐於臺下聽課，如今可在馬偕牧師於淡水牛津學堂授課的照片中見到這樣的教室情景。

清代臺灣建省巡撫劉銘傳在臺北試辦新式教育，創設西學堂、電報學堂、番學堂等，養成配合現代化政策需求的人才。在西洋顧問的影響下，傳統漢人教育空間的形式也開始轉變，發展出以西洋風格單棟建築配置為合院格局的中西合併校舍建築。到了日本時代，總督府透過普及教育制度，廣設國語傳習所，分別招收八歲到十五歲的兒童及十五到三十歲的成人學子，將西方教育模式推廣至全臺，初期仍借用漢人傳統空間，如總督府國語學校曾使用芝山巖惠濟宮為教室，而後從城鎮街庄到山區蕃地，逐漸廣布新式校園，直到皇民化運動時期，私塾才完全走入歷史。從構造材料的演變，我們可觀察到校舍建築風貌的發展歷程。

1 森林系木造校舍孕育的「天下嘉農」

臺灣總督府致力尋找經濟資源，規劃開發嘉義山區豐富的林業蘊藏。為了取得建設所需木材，修建從嘉義市區直通阿里山的森林鐵道，在市街以木頭造起許多林產開發的相關設施，並模仿林業發達、慣用木材建造房舍的北歐，建造許多急斜屋頂的建築，將嘉義打造為一座檜木香氣四溢的歐風城鎮。

臺南州立嘉義農林學校

一九一九年，總督府於嘉義成立臺灣第一所專門培育林業知識的嘉義農林學校，兩年後改制為臺南州立嘉義農林學校，簡稱「嘉農」。校園建築採全木造，主樓可見突出的雙塔樓營造出穩重的格局，梁柱線條分割比例典雅優美。牆面採用雨淋板做法，外觀再塗上深色油漆，以防止木構造遇雨受潮而腐朽。學生在此學習，不但能親近擁有豐厚林產的阿里山這座大自然寶藏，也能在木造校舍中親身體驗木材的特性。

嘉農校史在日本時代的重要事件，不只是林產開發方面，還有體育活動的精彩表現。一九二八年學校成立野球部，一開始成績並不出色，後來聘請曾為日本甲子園名將的近藤兵太郎[1]擔任教練，他採取嚴格管理和訓練，成績因此突飛猛進。

一九三一年，嘉農棒球隊首次到臺北參賽，取得全臺冠軍的成績，打破以往由北部學校球隊壟斷勝局，「冠軍錦旗不過濁水溪」的傳統，並獲得前往日本參加第十七回夏季甲子園大會的參賽權，成為甲子園有史以來最南端的參賽學校，最後得到「準優勝」亞軍，創下臺灣學校的最優異的成績，而博得「天下嘉農」的美譽。這個傳奇故事後來被

上・下｜臺南州立嘉義農林學校，全木造校園建築讓學生更能體驗木材特性。

搬上大銀幕繼續流傳，可惜兼具歐風農舍樸稚與校園建築穩重的木造經典校舍並未保留下來，僅能透過影像來追憶。

2 近藤十郎的校園規劃理念

在明治初期取得磚材的成本還很高，到了大正時期，因經濟日漸穩定，磚材生產也進入企業經營規格化量產的穩定供應時期，加上官方廢止木造公共建築的政策及潮流演進，除了上述因地緣關係使用全木造的嘉農以外，越來越多校舍採用磚材建成。全臺各地遍布「紅樓」，不乏別具特色的佳作。以西洋歷史主義風格來表現象徵文明開化的紅磚構造，逐漸構成本土建材的悠久歷史，是融入在地元素的一大嘗試。

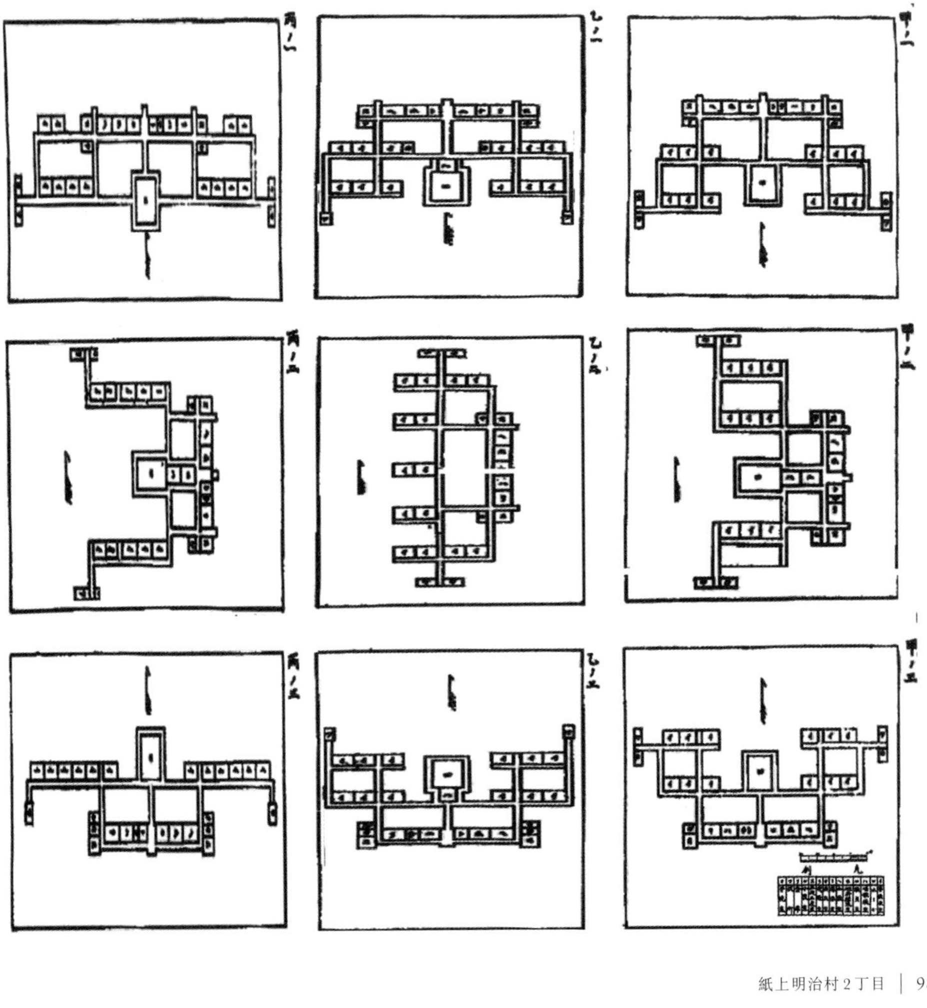

近藤十郎繪製的九種校園建築配置範例，教室方位考量避免西曬，並以對稱與強調主從的空間關係，塑造和諧的穩重與權威感。

一九〇六年四月，總督府營繕課技師近藤十郎出任臺北成淵學校校長，當時民政長官後藤新平諭示：「應即重建校舍，擴張教育事業。」同年六月，近藤十郎在《臺灣教育會誌》發表〈學校建築の理想（附、校旗揭揚の主張）〉一文，十二月又於同刊物發表〈小學校々舍の配置法〉，揭櫫其同時身為建築專業者與教育工作者，對於校園建築規劃的基本理念。

近藤認為，校園建築首重「衛生、便利、堅固」三要素。以防災防震的需求而言，一八九一年發生濃尾大地震，一九〇六年三月又發生嘉義大地震，兩者震度皆高達七級，說明了臺灣位處地震帶，校園建築需首重結構強度，才能抵擋大自然的考驗，並應採用高規格的防火建材，以防火災不定時的侵襲。畢竟若是接受教育的子弟在校園中因為建築設計規劃不良而有所損傷，校方便無顏面對家長。

空間規劃方面，引進明亮光線的高大窗戶、寬廣天井和走廊，符應學生活動的空間品質之所需。若教室採光不良，學生容易產生視力問題，通風不良則容易引發呼吸道疾病，可見校園硬體對於學生健康影響甚鉅。在美學上應要求秩序整然，風格調和統一，不需要太過累贅的裝飾，才能成為學生培育品行的精神象徵。臺灣日照時間長，陽光強烈，整體配置一定要注重陽光的照射方向與時間，可藉此增加教室採光並保持衛生，但要避免直射所帶來的炎熱和不適，而走廊環繞教室、建築朝南也有其必要。

在古典中軸對稱的原則下，距離校門入口最近的建築中央量體必然是教師辦公室的所在，穿越中軸即可展望操場，對於向兩翼延伸的教室也能進行有效管理。此外，近藤十郎也對講堂、圖書機械（教具儀器）標本室、理科教室、歌唱教室、縫紉教室、值日室、室內操場、廁所、樓梯、小使、湯沸所（工友房與鍋爐間）等各種空間需求闡述了設計理念，並提出各種教室應以可遮風避雨的廊道串聯為一整體的構想，文末更親手繪製九種可供三百位學生使用的校園配置基本方案，皆無正立面朝向下午日照強烈的西邊。這兩篇文章也成為日後臺灣新設校園建築配置設計的基本原則。

臺灣總督府國語學校附屬小學校

日本在臺灣最初設立的現代教育場所是「芝山巖學堂」，歷經沿革與校址變遷，先是借用艋舺清水祖師廟做為校舍，後遷至臺北城內南門旁，俗稱「南門大學校」，校名歷經總督府國語學校、總督府臺

總督府國語學校附屬小學校，磚造校舍深具大正年間歷史主義特色。

北師範學校等數次改制，奠定臺灣教育人才培育基礎（今臺北市立大學）。總督府並早在一八九六年頒布《臺灣總督府直轄學校官制》，設立三所附屬學校做為國語學校畢業生的實習場所，提供未來設立學校的模範。

這三所學校分別是原芝山巖學堂的第一附屬學校（後成立八芝蘭公學校，今士林國小）、艋舺學海書院的第二附屬學校（後成立艋舺公學校，今老松國小），以及預計設於大稻埕但因無適合場地而改設大龍峒保安宮的第三附屬學校（後成立大龍峒公學校，今大龍國小），人口密集市街的就學需求反映當時臺北聚落的分布情況。此外還有專供日人子弟就讀的第四附屬學校，是後來與日本本土教材、課程及師資完全相同的尋常小學校前身。

一九一三年，總督府合併先前各間附屬學校，於清代協臺衙門改成日本時代臺北縣監獄署的舊址，創設國語學校附屬小學校。磚造校舍配置為「ㄈ」字型，中央為運動場，深具大正年間歷史主義的古典特色，並帶出學校地標特質的中軸小塔和漸層式後退的屋頂，與同年落成啟用、由松崎萬長設計的新竹車站極為類似；主棟立面採仿石造外觀，基座直通簷下的巨柱式，中軸線上設計突出簷帶的圓弧山牆，兩翼則為一樓拱圈、二樓列柱的西向陽臺，設計精美且比例合宜，顯然是功力深厚、出身學院的建築技師作品。

學校啟用後，第一屆學生有四百三十名，包括八十名一年級新生，以及由其他附屬學校轉來的三百五十名學生。一九二三年皇太子裕仁行啟時曾到此造訪。一九二七年，附屬小學校隨國語學校改名為「臺總督府國語學校附屬小學校與松崎萬長設計的新竹車站極為相似。

灣總督府第一師範學校附屬小學校」，同年第一位臺籍學生許伯珽入學，其父許丙為板橋林家總管、日本貴族院議員，可見此校之上層階級性質與傾向。第一師範學校在臺北大空襲中嚴重受損而遭拆除，附屬小學校幸運躲過空襲，卻逃不掉戰後陽臺外推，後遭拆除改建為鋼筋混凝土校舍的命運。原址今為臺北市立大學附設實驗國民小學。

打狗尋常高等小學校

造型深受打狗檢糖所影響的打狗尋常高等小學校，和國語學校附屬小學同樣落成於一九一三年，但更加忠實表現磚造的質感與魅力。

打狗尋常高等小學校創

打狗尋常高等小學校，中軸線上設置了小學校常見的小塔。

設於一九〇七年，最初暫借鹽埕民宅為校舍，次年遷至打狗山麓，一九一二年新市街哈瑪星完工，打狗尋常高等小學校再遷入湊町四丁目五番地。一九二〇年，因打狗改稱高雄，校名改為「高雄尋常高等小學校」，次年因鹽埕埔增設高雄第二尋常小學校（今鹽埕國小），再改為「高雄第一尋常高等小學校」，也被列為裕仁行啟的訪視點。

打狗尋常高等小學校在中軸線上設置了小學校格局常見的小塔，往兩翼延伸的立面採用一樓列柱、二樓連續拱圈的歷史主義樣式，並以白色帶飾穿插主樓與翼樓收尾，形成主從呼應。陸續往北增建的二期、三期校舍皆維持此風格，最後成為日字型的龐大格局。北棟校舍東段局部曾於籌備階段時，暫借予高雄高等女學校使用，戰後校舍改建，與臺北的第一師範附屬小學的命運相似。近年校方有意模仿消失的舊校舍新建校舍，在一切都難以留存的臺灣聊表緬懷之意。

大稻埕公學校

臺北大稻埕公學校為華族男爵建築家松崎萬長的異色之作。隨岩倉使節團留學德國柏林工科大學的松崎萬長，具有設計純正歐陸古典風格的能力，但其實是一位厭煩東京的繁文縟節、逃逸到臺灣尋求創作環境的浪漫藝術家。他在臺北不居住在日本內地人聚居的社區，而是泉州三邑裔本島人聚居的艋舺八甲町，由此推想他對本島人的居住環境及建築風格，較其他日本建築家有更為深刻的觀察。

大稻埕公學校位於泉州同安裔聚落大稻埕，是供本島人子弟就讀的學校。松崎萬長擷取綠釉鏤空花磚、馬背山牆、攢尖頂等臺灣傳統民居建築元素，與現代校園空間需求融合，可見建築家取材地方文化養分發揮於創作的用心表現。

校舍落成後，因獨特造型而成為大稻埕的重要地標，從一九二三年裕仁行啟到一九三五年的臺北市會議員選舉，都曾登上歷史舞臺，成為整座城市的集體記憶，並未因陸續更名而影響其地標地位（曾改為大稻埕第一公學校、太平公學校、太平國民學校，今為太平國民小學）。一九八〇年代，校方拆除此樓擴建校舍，雖然新校舍在局部的語彙風格延續舊校舍的外觀，但無論是整體造型比例或細部材料表現的品質，皆與舊校舍相去甚遠。

日本在明治維新數十年的自我淬礪之後，展開過去千年歷史較少發生的文化輸出。有趣的是，技術官僚對於學習自西方的技術，並非無條件的照單全收和宣傳。就像日本

臺北大稻埕公學校，建築師松崎萬長採用許多臺灣傳統民居元素。

數千年來吸收其他文化，總是將這些文化調適、轉化為適合自己風土的型態，當他們將文化象徵再度輸出到別的地方時，也會融入當地的固有條件，而留下多層次文化交融的痕跡，也發展出如近藤十郎完整的調適理論。

大稻埕公學校的案例，堪與同為日本人設計的南滿洲鐵道株式會社千金寨撫順第一高等小學校做對照。該校舍延續沙俄時期的西洋風格，採取高緯度降雪地區的急斜式屋頂，而位於低緯度的大稻埕公學校，較平緩的屋頂和陽臺反映臺灣炎熱的氣候，可見設計者松崎萬長加入漢人建築元素的巧思。

滿鐵興建撫順小學校時正值日俄戰爭結束滿一週年，而大稻埕公學校興建時，日本才接收臺灣約莫十年光景，光是從屋坡緩陡的角度所顯示出的快速調適及應變能力，就足以證明有殖民地經驗的建築家之優異能力，由此可理解為何日本能在各種逆境中快速成長。

3 「吾臺人初無中學，有則自本校始」

總督府臺北中學校、臺灣公立臺中中學校、臺南州立嘉義中學校

一八九八年由總督府在臺北成立臺北中學校，戰後改名為建國中學，向來是臺灣高校的龍頭。然而，成立之初多為居住在臺北舊城區的日人子弟就讀。一九一四年，中部霧峰林家的大家長羅太夫人八秩大壽，兒孫考量中部地區仍無教育臺人子弟的現代中學校，當地學子往往要離鄉背井才得以繼續求學，於是發起募款，以為老夫人祝壽的名

義向總督府提出自辦中學校的請願，從此誕生了第一間讓臺灣子弟就讀的臺中中學校。

由於當時以車站為中心的臺中市區發展已具雛型，學校便落腳在市區北邊廣闊的水源地旁，由林家成員林烈堂捐獻新高町百十八番地一萬五千坪樟樹園的土地做為校地，並請辜顯榮、吳德功等紳商共襄義舉，最後募款二四萬八八二〇圓。由當時捐款明細可知，個人捐款金額最多者為鹿港辜顯榮的三萬圓，而發起者霧峰林家成員合計捐款四萬七千八百圓，居家族捐款者之首位。

表面上看來，雖然這是林家透過象徵永恆的硬體建設展現孝道，但其實等於挑戰官方體制，從政府手中拿回教化的權力，與南北兩所官立中學校相抗衡的意味濃厚，因此總督府難以全盤接受。

總督府最初認為，初等的公學校教育只要臺人能夠識字守法，便於管理。但民間興學理由正當，若不答應恐被批評為發展不均、厚此薄彼。衡量情勢後，佐久間左馬太總督回覆：「民間自行創校興學本屬美舉，個人立場上深為感動，惟此舉涉及政府長期之教育政策，故不可能由民間來創辦。」因而決定接受民間捐款，但以公立方式設立學校，將辦學權力留在官方，由政府派駐校長親自管理。

從總督府檔案中申請建校捐獻的清單，得知這項地方仕紳的義舉，是由臺籍紳商與臺中廳長枝德二取得民政長官同意的官方許可，並非超出體制外的反政府舉動。再觀察請願書中的建造明細，學校建造房舍皆依民政長官的要求詳列，經費則由捐款方募集。

臺中中學校校舍遵循近藤十郎發

總督府臺北中學校，成立至今一直是臺灣高校的龍頭。

臺灣公立臺中中學校，校舍形貌厚重壯美更勝臺北中學校。

臺灣公立臺中中學校，在眾「紅樓」中兼具精緻與壯美，可謂冠絕群倫。

表在《臺灣教育會誌》的兩篇文章所揭櫫的原則設計，主樓採磚造，被師生暱稱為「紅樓」。紅樓雖採當時臺灣校園建築常見、輕快的英國維多利亞風格，但臺中中學校在入口旁的兩座衛塔，卻有別於臺灣其他相似作品。雙衛塔是公共建築立面常見的元素，在近藤十郎設計的臺北醫院和臺北中學校都可見到，但在這座紅樓另加上如東京霞關大審院、東京府廳般厚重的仿石砌邊框，轉角加上增添厚重感的白色仿石裝飾，更顯威嚴宏偉，塑造獨特鮮明的形象。在眾「紅樓」中兼具精緻與壯美，可謂冠絕群倫。

後來因應臺中州立臺中第二中學校的成立，一九二二年臺中中學校改名為臺中州立臺中第一中學校，優先供臺灣子弟就讀。當時的臺灣學生民族情感十分強烈，若是遇到帶有種族歧視觀念的日籍老師，在課堂上以「清國奴」這樣的輕蔑字眼辱罵學生，學生便會集體以腳踩踏木製樓板製造聲響以示抗議；後來日本政府在臺中地方欲成立供日人子弟就讀的第二所中學校，提議將一中校名改為二中，因遭到校長和師生抗議而作罷。因此，臺中一中也是日本時代唯一以「一中」命名的臺人子弟中學。

臺中一中歷經一九一九年因學生與日人商店之女戀愛遭阻而發生反種族歧視的抗議行動——「洗濯屋事件」、改制後堅持不改校名的抗議事件、一九二七年爭取學生自治的「炊事事件」和響應臺北師範學校學潮的「同盟罷課事件」、一九五八年自發募捐支援八二三砲戰的「金門運動」，近年還有二〇一五年首開「反課綱微調運動」第一槍等，各種豐功偉業不勝枚舉，以獨立思考和自由主義傳統的學風聞名。

校園本身也見證諸多大時代的動盪變遷，如一九四四年日本軍隊進駐借用、戰後做為「聯勤第十三民主義講習班」和「中國童子軍臺灣省臺中市第二團團部」的教室等，深具歷史意涵。臺中一中紅樓代表的不只是課堂使用的教室，更是凝聚學生團結精神的具體象徵，在許多校園刊物和畢業紀念冊的封面，都能看到學生以繪畫或者攝影等藝術形式呈現紅樓的身影。

戰後因教育普及，學生人數日漸增加，校園空間益發窘迫，在段茂廷任校長時決定將紅樓拆除重建。當時雖引發師生不捨的抗議，但在校友臺灣省議會議長謝東閔的強力支持下，最終改建成鋼筋混凝土構造的四層校舍莊敬樓。不過，數十年來一中師生始終沒有忘記紅樓，二〇〇六年由校友李俊仁建築師設計新建的景賢樓，便在高樓中重現老紅樓的造型，讓經典建築的美感得以延續。二〇一七年由梧棲林家皆就讀中一中的四兄弟校友，向校方取得設計圖，製作模型贈送校方以茲紀念，二〇一八年甚至研議完全復舊重建，充分展現經典校舍跨越時代、串聯歷史的記憶載體功能。

附帶一提，與臺中一中同為大正年間紅磚構造鼎盛時期的臺南州立嘉義中學校舍，命運相似，磚造校

臺南州立嘉義中學校也是大正年間紅磚構造鼎盛時期的建築

舍於一九七五年劉文華校長任內被拆除，新建鋼筋混凝土大樓。

臺北州立第二中學校

隨著校園人口的增加，古典配置對稱的原則也會隨需求彈性調整。例如設立於一九二二年的臺北州立臺北第二中學校，最初借用艋舺清水祖師廟做為校舍，一九二六年遷校至東三線道往南、校園林立的幸町。

一九二二年劃設的幸町，是日人居住區和文教區，町內建設多所學校和政府機構，包括：總督府南洋研究的重鎮中央研究所（今教育部大樓和中央聯合辦公大樓）、七星郡役所（今立法院青島第二會館）、幸町教會（今濟南基督長老教會）、第二高等女學校（今立法院）、臺灣商工學校（今開南高級商工職業學校）、總督府立商業學校（今臺北商業大學）、總督府立高等商業學校（今臺灣大學徐州路校區）等，可謂人文薈萃，是臺北城東校園最密集的文教區。

臺北第二中學校是在臺北三間州立男子中學校中，本島籍學生人數比例最高[2]者。位於眾校之間，校園建築顯得相當低調，除了少許連續拱窗，並沒有太多裝飾，不若第一中學校校舍的華麗威嚴、反映校訓「質、實、剛、堅」，但仍遵循歷史主義對稱的配置。不過，後來因學生日漸增多，於是仿原本風格往西側增建校舍，打破了古典系統的平衡，也反映對稱原則不再是校舍建築必須遵循的圭臬。臺北第二中學校戰後改名臺灣省立臺北成功中學，一九七三年拆除舊校舍改建為四維樓。

臺北州立第二中學校，建築設計低調，沒有太多裝飾。

4 從學校到國會

一八九八年，總督府頒布《小學校令》，明定小學校的就學資格為八歲以上、十四歲以下的日籍兒童，將教育延伸至六年，並增設兩年的高等小學校。次年再頒布「高等女學校令」，獨立於男子就讀的中學校之外，入學資格為尋常小學校六年級畢業後提出申請。

臺北州立第二高等女學校

日本時代結束前，臺北市內有四所高等女學校。臺北州立臺北第一高等女學校就是現在的臺北市立第一女子高級中學，位於清代的文廟原址，日本時代的文武町，總督府和最高法院東側，西南不遠處還有位於以總督乃木希典命名的行政區。乃木町內的軍司令部，可說是以最高規格的嚴密看守、護衛著日人子弟女學生。

而臺籍學生人口較多，原位於西門町臺北廳大加蚋堡艋舺後菜園街的臺北州立臺北第三高等女學校（今臺北市立中山女子高級中學）一九三七年遷至朱厝崙與上埤頭交界，具有都市計畫的市區擴張意涵。西門町原址則改設為日人子弟就讀的臺北州立臺北第四高等女學校（今國立臺北護理健康大學城區部）。第二高女設於第一高女和第三高女之間的臺北城東三線道旁，可看出官方安排校園位置的各種考量。

一九二二年，總督府頒布新版《臺灣公立中學校規則》，第五章明訂「校地需在衛生道德上是無害、適合建造穩固校舍的場所」，因此必須遠離遊廓、刑務所、火葬場和病院隔離室等設施。而城內的政府機關和商業用地已經發展建設完備，土地價格較高，徵收負擔過重，也考量未來可能擴張校地的需求，於是一九一九年，專供日人子弟就讀的第二高女學校在城外的幸町最北端十五、十六番地，改制原位置的臺北高等小學校成立，臨樺山町與臺北州廳相望，取其較為開闊的優點，也善用周邊研究設施的教育功能，並附設臺北高等小學校，學生畢業後學力等同中學校，可報考各種專業高等學校。

一九二〇年，地方制度改為五州二廳，次年，中等學校事務開始交由地方州政府管轄，興建校舍也以州政府所屬的營繕機構土木課設計營造。臺北城內的第一高女於一九三三年新建鋼筋混凝土構造的三層校舍（現為臺北市市定古蹟光復樓），而朱崙厝的第三高女也於一九三九年遷至中山女高現址新建校舍（現為市定古蹟逸仙樓），這

臺北州立第二高等女學校，為磚造校舍中，使用歷程最戲劇化的一處。

兩個工程都由曾任職總督府營繕課技手、後轉任臺北州土木課的建築技師篠原武男設計。當營繕機構設計完成後，則以競標方式決定營造廠，在廠商與業主簽訂契約書後得以施工。

從一九三二至一九三七年《臺北州立臺北第二高等女學校一覽》的學生名錄可知，每個年級一百多位學生中，本島人（臺籍生）只有個位數，其餘九十多位則為內地人（日籍生）。臺籍生若欲就讀，申請條件為：一、成績優異。二、國語（日語）水準高。三、品行好、身體健康、家世清白。以一九二八年為例，九名臺籍志願申請者僅錄取一位。師資方面，三十名教職員中也只有受到其師石川欽一郎[3]推薦、臺北州出生的圖畫科教師藍蔭鼎一人為臺籍，其餘為日籍人士。再從學生家長職業別來看，以一九三四年為例，四百四十七位學生中有一百五十九位的父兄從事公務員的職業，佔三分之一以上，次多的商業和會社員也有一百四十九位，由此可印證從事這些行業、工作地點多在城內一帶的日本家庭，來臺十數年後，其子女都已屆中學校的就學年齡。

一九三〇年代後期的建築思潮，因為受到一九二三年日本本土發生的關東大地震影響而有了轉變。地震引發磚造建築安全性的檢討，逐漸以鋼筋混凝土為建材，風格也從大正年間裝飾華美的歷史主義樣式，轉變為昭和時代線條明快的簡潔風格，而初備現代主義的理想，只不過細部仍可見些許折衷主義的語彙。

例如第一高女的校舍原為森山松之助設計北歐風格的木造校舍，現僅存一棟「小綠屋」，其餘皆改建為篠原武男設計的鋼筋混凝土校舍。第三高女在西門町時期的校舍也是如此，舊校舍一九三八年拆遷於朱厝崙新校區重建，以紀念皇族參訪命名光榮紀念館。兩校在改建和遷建後，細部設計雖仍呈現精緻的意匠，但整體而言屬於現代主義強調垂直水平線條與機能性的設計思維，如第一高女主入口的拱門、角塔立面兩個一組的拱型開窗，第三高女頗具巧思的玄關門房欞格圖案窗等。

第二高女最初入口朝西的L型校舍為磚造歷史主義樣式，可見仿石造臺基、磚造屋身、屋頂的三段式古典立面分割，陽臺迴廊設有仿石造的水泥欄杆。屋頂與周邊中央官廳大異其趣，採用校園建築常用的棧瓦緩斜頂覆蓋，與牆面交接處則有腳架斜撐出簷，主入口的部分則以北歐式的急斜屋頂造型，外覆銅板瓦，呈現半木構的趣味，是校園建築親切的風格表現。配置方面考量日照角度，與總督府的設計相同，東、西、南三面設有陽臺，北面則無，反映了地域氣候的特色。

一九三六年於北側延伸加蓋的三層樓新校舍，使用鋼筋混凝土構造的平屋頂樓房，表面覆以條紋溝面磚，轉角可看到屬於鋼筋混凝土建材特性的弧形收邊。細部形式如雙組長型推拉窗等，與第一和第三高女新築校舍如出一轍，立面也抹平三段式分割的古典建築特徵，逐漸走向現代主義。

改築完成後的校舍建築配置呈「ㄈ」字型，包圍運動場，至一九三七年為止，使用空間已包含奉安室及校長室、教務室、事務室、普通教室、圖畫教室、圖書室兼會議室、音樂室、裁縫室、作法室、家事實習室、屋內體操場、理科實驗室、機械標本室、地理歷史教室、整容室（盥洗室）、宿直室（值夜室）、浴室和便所等，建坪一千七百餘坪，敷地近六千坪。寄宿舍和小使室[4]等附屬設施則配置於南側，與幸町教會相鄰。

其中的「作法室」較為特別，是專屬女子學校的空間，通常位於整容室旁。「作法」是指培養學生養成具有日本傳統禮儀的教育措施，根據一九一九年頒布的《公立臺灣高等女學校規則》，作法教學的目的在於「依據教育敕語的旨趣，在思想、情操、道德上，養成日常生活言行舉止符合我國國民道德基本禮儀的特質，成為社會中等以上具賢慧、勤儉、慈愛之良好習性的女子」。教學內容包括坐姿、立姿、茶道、用餐禮儀等，專屬的教學空間分為日式和洋式兩個部分，分別教導學生在榻榻米和木地板上、使用西洋家具時應注意的行為舉止，可以由此觀察第二高女做為女子學校空間需求的特性。

中華民國政府遷臺後，基於中央政府「一年準備、二年反攻、三年掃蕩、五年成功」承諾之下對社會的默契，並無長遠建設臺灣的考量，部會機關共體時艱，以不鋪張、不大興土木為原則，並無規劃設置永久性中央機關建築，大多數政府機構都沿用日本時代遺留下來的官方廳舍，如總統府、行政院、司法院、監察院、交通部和鐵路局等。而立法院在臺灣省農林廳之後進駐原第二高女校舍，並以每年五千萬元租金的代價向臺北市政府承租學校用地。因此，第二高女成為磚造校舍中，使用歷程最戲劇化的例子。

目前立法院在臺北市的院區共有本部、青島第一會館、青島第二會館、青島第三會館、鎮江會館、群賢樓、委員研究大樓等建築群。而本部之所以選擇第二高女校舍做為棲身之所，是因為考量其區位處於首都核心地區的樞紐位置，原為東三線的中山南路路幅寬敞，行道樹以高聳的大王椰子襯托公共建築的威儀，符合政府機關意象，監察院、教育部、國民黨中央黨部和中正紀念堂也都前後選址於此路旁。

立法院與原第二高女校舍的連結，緣起於戰前臺北州轄下的中學校財產，於戰後交由臺北市政府接收。當時的第二高女大多數的學生都已遣返日本，於是與同為日人就讀的第四高女併入北一女中，但在都市計畫分區中，這塊土地的產權歸屬於臺北市政府的學校用地，因而開啟了這段立法院長期承租原第二高女校舍的歷史。從建築空間來看，無論是語彙表徵或者空間機能，第二高女皆不適合立法院，但早期為了符合戰後共體時艱的節儉理念以及後來的都市計畫限制，立法院並不打算拆除第二高女校舍，而是修復並改建戰爭末期因盟軍轟炸而造成的損害，繼續使用。

立法院對第二高女校舍最主要的改建，僅止於入口門廳，原本的木造斜屋頂改為現代主義的長方體造型，表面覆以橘色小口磁磚，但仍可見到原建物三扇窗戶的立面分割，前方出挑寬大雨庇，滿足車輛直接停在門口遮風避雨的需求。然而，校舍本身僅能勉強滿足辦公空間，故在原本操場的位置，由虞曰鎮建築師新建白色議場大廈做為國會所需的議事空間。在二〇一四年太陽花學運期間，這裡成為學生佔領立法院運動的主要場域。

長久以來，立法院方一直有擇址另建新廈的想法，一九九三年提議遷往華山臺北酒廠未果，一九九九年提議遷往仁愛路空軍總部，都沒有實現。另外還有關渡平原、林口、圓山動物園、信義計畫區、圓山飯店、中正紀念堂、士林官邸、劍潭青年活動中心和三軍總醫院等各式各樣的遷址方案提出評估，也因考量上百億的預算過高、輿論及社會觀感而未付諸實行。

立法院租用第二高女校舍已超過半世紀，對大多數民眾而言，中山南路院舍交織了集會遊行、請願抗爭、出產重要法案的共同記憶，早已是立法院的同義詞。二〇一七年，原第二高女校舍因民間提報古蹟保存，經文化資產審議後獲臺北市政府文化局指定為市定古蹟，議場則登錄為歷史建築，這是兼顧文化保存與開發彈性，其未來的空間活化令人期待。

5 高等教育的宏偉形象

因應社會發展及政策需求，日本時代設置的高等教育機構專業分工益趨嚴密，從明治年間成立的國語學校（師範學校）、醫學專門學校，大正時代成立農林學校和商業學校，大正晚期至昭和時代成立的高等學校及帝國大學，到最終因應南進國策設立的工業學校，以及女子專門學校，這些高等教育機構從學制到校舍建築，都對戰後中華民國教育體系產生深遠的影響。

臺灣總督府立商業學校、臺灣總督府醫學校、臺灣總督府臺北第二師範學校

一九一七年，臺灣總督府於東門外創立臺灣總督府立商業學校，一九二一年由甫設立的臺北州接辦，改名臺北州立商業學校，亦曾

臺灣總督府立商業學校，歐洲鄉村風的半木構建築，一樓以磚拱展現官廳的厚重感。

於一九二四年參加日本第十屆夏季甲子園大會，主將田子榮一擊出臺灣代表隊在甲子園聯賽的第一支全壘打，拿下臺灣區第一勝。

如同鄰近的第二高女，總督府立商業學校的校舍同樣採用歐洲鄉村風的半木構，主入口以斜屋頂表現輕快氛圍，以磚拱構成的一樓則展現官廳的厚重感，也似象徵此校銜接基礎教育與高等教育的中段位置。戰後更名臺灣省立臺北商業學校，歷經商專、技術學院至今日國立臺北商業大學，數十年來培育了無數的商業人才。

大量運用於校舍的磚構造表面，若再覆上一層灰泥，便可表現出如全棟石造般厚重的感覺。由近藤十郎設計的總督府醫學校，僅次於總督府國語學校，是日本時代臺灣最早的高等教育機構之一。一九〇三年，總督府醫學校從原位於大稻埕的校址遷於臺北東門城外大加蚋堡三板橋莊（後來的東門町六番地），隔著城牆與總督官邸相望，仿法國文藝復興風格的鵝黃色外牆十分典雅，特別採用馬薩式屋頂建造的校

總督府醫學校，馬薩式屋頂校舍接續了東三線日後一致的風格。

舍，未來接續東三線道從州廳、中央研究院，向西轉向總督官邸一致的屋頂風格，一字排開十分壯麗，一如歐洲都市在拆除城牆後於大道旁配置壯觀的公共建築。

醫學校原先規劃如鳥翼張開的對稱配置，後因用地取得問題而未能建造東翼，僅完成通往大講堂的中廊與西翼，延續東三線道連排的官廳序列。一九三〇年火災後拆除衛塔穹頂，將馬薩式屋頂改為斜屋頂，一九八五年拆除知識交流與證明學術成就的舞臺雙層大講堂，新建由陳其寬建築師設計的臺大醫院新大樓，目前僅存講堂的講臺及部分校舍，在有識師生的呼籲下保存做為醫學人文博物館。這樣的結果反映其地處城市發展核心、空間競爭激烈，最初設計未完全落實，舊校舍面臨新建設也未能完全保存的折衷處境。

上｜總督府醫學校未完成的原始設計

下｜已拆除局部的總督府醫學校大禮堂

愈往郊區發展的新設學校，愈有機會完成如官廳般的宏偉格局。為了區隔因大正以來社會思潮日漸開放，造成師範學校臺、日籍學生容易產生摩擦衝突的問題，一九二七年在距離城內校本部四公里遠的下內埔庄芳蘭地區，另設分校總督府臺北第二師範學校，以減少爭端，並落實都市計畫。曾任職於此的畫家石川欽一郎認為，從這裡遠望總督府如同海市蜃樓般遙遠不真實，具有遠離塵囂的鄉土情懷，也在此培育無數優秀的人才。

第二師範學校校舍為加強磚造，結構與樓板皆採用鋼筋混凝土，設計風格則遵循古典採取中軸對稱的平面，形成構圖穩重的立面，並因腹地廣大得以完全實行，巨大的校舍落成於田野間如同幻境。翌年，總督府空曠的農事試驗場所在地富田町，興建了仿羅馬風格的臺北帝國大學，其延續第二師範學校校舍的三角山牆、扶壁柱與中軸對稱、兩翼延展配置等特色，構造則改為全棟鋼筋混凝土外覆溝面磚。在一九九〇年代，臺灣省立臺北師範學院時期，校方拆除舊樓重建行政大樓與圖書館，其中位於二師校舍舊址的科學館，立面造型設計模仿舊校舍的大山牆與圓拱圈，聊表淺薄之意象復原。

6 迎向新時代的鋼筋混凝土

臺北州立第三中學校

臺北三中創校於一九三七年，先借用一中校舍，次年遷往東門外，戰時由軍方借用校舍，再遷回一中。由於建校時臺北城周遭已無寬廣腹地，因此設置在大安十二甲空曠田野間，放眼望去阡陌縱橫，臺北盆地北東南方的山景盡收眼底。

磚木構造的校舍採西洋歷史主義風格，時常伴隨著各種風格的造形語彙，但歷經幾次大地震，為避免磚木傾倒及裝飾脫落傷人，耐震的鋼筋混凝土構造逐漸普及，創造出簡潔明快的建築線條。三中校舍就是在此背景下的經典作品，同時期增改建的臺北第一、二、三女子學校等亦然，這幾座昭和時代的校舍，皆為臺北州內務部土木課技師篠原武男的作品。

因鋼筋混凝土的材料特性能夠做出更深的屋簷，立面分割與平面配置不再追求對稱平衡，依照空間機能需求自由發展，將建築入口設於整體L型配置的南面轉角處。此外，為了覆蓋混凝土單調表面，在外牆使用面磚，成為三中顯著的現代特

總督府臺北第二師範學校，結構與樓板採用鋼筋混凝土。

臺北州立第三中學校，外牆使用面磚，具有顯著的現代風格特徵。

徵，但入口梯廳的屋頂卻帶有些許東方傳統攢尖頂線條，以呼應當時「復興亞洲」的局勢，因此有學者將其歸類為興亞式作品的脈絡。

三中建造時正值一九三七年，戰雲密布的時代，日本政府對於鋼筋建材逐步管制，三中L型配置的長邊南棟可能因此在東半段採用木造樓板，內部形成分期構成的獨特混合工法，外觀則以相同面磚維持整體感。戰後學生描述校園景觀，曾有所謂附園四景的說法：「東樓晨曦、西樓夕照、南樓響板、北樓狂沙」，其中南樓響板是指走在木造地板時所發出的聲響。

戰後三中陸續更名為臺灣省立臺北第三中學、臺灣省立臺北和平中學、臺灣省立師範學院附屬中學等，歷經多次改制後成為國立臺灣師範大學附屬高級中學，厚實校舍則因主棟獨特的塔樓造型，而且匯集了多年學生情感，而有「古堡」這個令人發思古幽情的雅稱，具有精神堡壘的象徵。

一九六〇年代起，校方因三中時代校舍老舊欲拆除改建，而引起校內師生及日本時代三中至戰後附中校友會抗議，最後決定由彭孟緝之子，附中校友彭蔭宣建築師負責改建。在設計階段，曾有人要求在新建築當中設計三中舊校舍造型的建議，但未獲採用，最終於一九八〇年拆除L型校舍的南段「南樓」，而新建的南樓卻因彭蔭宣對建築法令及不熟悉臺灣處於地震帶，竟未設計伸縮縫，使用十餘年後就出現梁柱及樓板龜裂，在臺灣省土木技師公會的建議下拆除。

一九八五年，在改建的南樓旁，殘存的L型校舍短邊「西樓」也面臨拆除的命運。當時社會已有古蹟保存的觀念，在校內武道館、體育館兼禮堂等日本時代建築陸續拆除改建後，西樓已是僅存見證悠久校史的建築，雖然未將西樓指定為古蹟，但校方決議從善如流予以保存，現為學生社團的活動空間。

一九九六年，校友會預計修復西樓慶祝戰後五十週年校慶，並由任職建築界的校友組成工作小組，籌劃歷史資料調查研究、建材仿舊複製，以及與臨棟新建校舍空間關係的規劃，後獲得教育部撥款修復，進行補強結構、防蟲防潮，並移除不當增建，在二〇〇〇年完工。其中以西樓北側全棟最具特色，日本

臺北州立第三中學校入口梯廳的屋頂帶有些許東方傳統攢尖頂線條。

時代率先使用沖水便斗的圓形廁所成為時光交流空間，記載著附中由學生撰寫校史的傳統，至今附中學生仍稱高中時光為「附堡生活」。

臺北第四尋常小學校、臺北市樺山尋常小學校

一九一一年，臺北第四尋常小學校成立，主建築以四根巨柱撐起高聳的馬薩式屋頂，構造為仿石砌的磚木構造，有著不屬於小學校應有的壯觀威嚴。一九一五年更名臺北城北尋常小學校，一九二〇年實施臺北市制，部分校舍挪用為新設立之臺北市役所，一九二二年隨臺北市町名劃設而更名為臺北市樺山尋常小學校，由臺灣教育會舉辦的臺灣美術展覽會，第一至三回即在該校大禮堂展出。隨著市役所業務擴張並於小學校基地新建廳舍，一九三八年遷址東側新校舍，一九四一年依《國民學校令》更名為臺北市樺山國民學校。

樺山尋常小學校的新校舍也採用時下流行的現代主義簡潔風格，較為特別的是，其行政主棟雖與兩翼延伸的教室同為兩層樓，但卻採挑高設計，通風及採光良好。戰後，樺山國民學校由國民政府接收後廢校，由臺灣省政府警務處接收使用，一九七二年以後改為中華民國內政部警政署，學校的操場改為網球場、籃球場及停車場，至今校舍建築則仍維持原格局，僅於外牆貼覆米黃色面磚覆蓋原本的表面材。

7 好好告別

臺灣大學農業經濟推廣館

日本打造臺北帝國大學校舍

臺北第四尋常小學校，四根巨柱撐起馬薩式屋頂，在小學建築中相當特殊。

樺山尋常小學校的新校舍屬於簡潔的現代主義。

建築群，原先是延續歐洲中世紀修道院脈絡的仿羅馬風格，但在戰後改制為國立臺灣大學之後，卻發展出有別於原本設計脈絡的館舍。校方原定在特一號排水溝（堀川）旁的校門口北側空地規劃興建行政大樓，但來不及起造就改朝換代了。戰後先建了一排臨時教室，並計畫於一九六〇年代初期興建「文教中心」，由農業陳列館、農業經濟推廣館、人類考古學館和自然歷史博物館構成四合院。後來四座館舍中的自然史博物館並未興建，已建成的三棟館舍組成不相連的三合院。這種將中國傳統建築現代化的嘗試，為臺大帶來現代前衛的新風格。

這三棟館舍俗稱「洞洞館」，由香港建築師張肇康規劃。張肇康畢業於上海聖約翰大學建築系，後來到美國伊利諾理工學院、哈佛大學與麻省理工學院深造，師從現代主義大師，包浩斯創辦人葛羅培斯，畢業後任職於葛羅培斯（Walter Gropius）的建築師事務所，接受最完整與第一手的現代建築思潮與專業訓練。一九五四年，張肇康應哈佛學長貝聿銘之邀，參與臺中東海大學的規劃，後來將東海大學合院式學院空間的布局經驗移植臺大，外觀造型上更加抽象轉化，於是造型奇特的洞洞館誕生了。

三棟洞洞館分別於一九六二、一九六三、一九七〇年落成。張肇康本人設計最早完成的北側農業陳列館（簡稱農陳館）；東向的農業經濟推廣館（簡稱農推館）及西向的人類考古學館（簡稱考古館）則委託虞曰鎮的有巢建築師事務所模仿農陳館設計，但細部不同。虞曰鎮的建築歷練主要是在上海名建築師鄔達克（Ladislav Hudec）及華蓋建築師事務所的工作經歷，來臺後熱中於建築教育及資助雜誌期刊等推廣事業，並參與許多官方建築計畫，如前述立法院議場大廈。

農陳館的量體組合，乍看像現代主義大師凡德羅（Mies Van Der Rohe）設計的伊利諾理工學院皇冠廳（Crown Hall），但轉化運用中國傳統建築的屋頂、屋身和臺基等部位，尤其是二、三樓將中國傳統建築屋頂的琉璃瓦，以筒狀上釉環圈嵌入水泥的帷幕牆最具特色。這是張肇康主張傳統及現代精神的融合表現。而虞曰鎮仿農陳館設計的農推館和考古館，更進一步將最具特色的琉璃筒瓦帷幕牆包覆整棟建築，光線透過筒瓦射入原先規劃做為展場的室內空間，製造出如幻境般的迷離效果。

這三座館舍構成的博物館群位於校門口，隨著師生人數增多，農推館與考古館分別改為哲學系與人類

臺灣大學農業經濟推廣館，琉璃瓦以筒狀上釉環圈嵌入水泥的帷幕牆設計十分獨特。

學系的系館，但筒瓦帷幕牆的設計不利搭配教室及辦公室等的光線與空調設備，空間缺乏擴張彈性，使用環境也不舒適。因此，當二〇〇六年有企業家欲捐款新建人文大樓時，在校內引發了洞洞館應否保存的辯論。

二〇〇七年，臺北市文化局邀請專家學者現勘，決定採取折衷方案：保留張肇康設計的農陳館、拆除虞曰鎮設計的農推館及考古館。這是一個很值得持續討論的案例，包括「文化行政資源有限的政府只能挑選最精緻最具代表性的作品保存？」、「法定文資標準是否僅依據『建築專業觀點』的純物質價值為優先評估？」等議題，當「半拆半留、各退一步」的折衷選項成為群組型的建築資產保存方式後，許多包含於群體脈絡中的歷史故事是否難以再探？

若當初沒有虞曰鎮的邀約，張肇康的農業陳列館也不會誕生，從歷史脈絡來看，雖然農陳館先落成，但虞曰鎮在這個故事先登場，僅因農陳館落成較早就認定其較有保存價值，是否公允？建築價值的討論評估，除了最後呈現的結果，是否也應包含建造脈絡與相互關係？

張肇康是國際非常知名的建築師貝聿銘的副手，農陳館的營造品質與設計匠意等價值自不待言。虞曰鎮長年耕耘臺灣，產官學各界人際網絡豐富，具戰後建築史的研究價值，作品本身也非全盤仿作，而是在農陳館風格形式脈絡下，加入自己的構思調整後的系列產品。虞曰鎮請張肇康先設計，自然不會做出與之突兀的作品，除了基本的尊重，也考量了整體環境的效果，但後來卻被當成單純的仿作而價值較低，這樣的價值評斷是否太過單一？

二〇一〇年，兩棟虞曰鎮的洞洞館拆除前，曾經使用這兩棟系館的學生舉辦了與老系館告別的「洞洞館計畫」活動，將建築物清洗乾淨，拆卸多餘裝潢，重新布置拆除下來的管線物，成為室內的裝置藝術品。這個活動靈感來自宗教儀式「淨身、妝點、告別」的流程，如同禮儀師為往生者清洗遺體，整理儀容，讓親友瞻仰後送行。在不得不面對的離別下，能夠如此從容道別，或許已經是一種幸運。

從明治時代的木造校舍到大正時代的磚造，再到昭和時代乃至戰後的鋼筋混凝土，材料的日新月異也見證時代的更迭。不管如何建造的校舍，都一樣承載著師生在此求知、生活的共同記憶，即使拆除也讓人懷念不已，可見一棟經典校舍能夠凝聚的認同，足以跨越時代，聯繫過去與現在，甚至延伸到未來。

第6章

土木設施：力與美的工程智慧結晶

1 現代生活的工業神殿

近代臺灣由於清代晚期開始接受工業的洗禮、日本時代政府對殖民地資源的需求，因此一舉邁入大規模的產業開發時代。臺灣人耳熟能詳的五大家族，無論發跡原因為何，其家族命脈全是因為搭上殖產興業[1]列車，透過專賣事業的經濟途徑而興旺起來。也因為這樣特殊的歷史背景，日本時代的專賣事業在戰後幾乎全盤由黨國體系的國營事業接收。因此，臺灣人對於工業化的記憶，如鐵路、製糖、樟腦、菸酒、水利、電信、郵政、石油，幾乎等同公營事業，在追求自由市場的資本主義國家中極其罕見。

戰後的國營事業，在產業轉型的時代變革下，如同眷村文化一般，逐漸成為凋零的記憶，曾經象徵現代化生活的工業遺產也逐步走入歷史。更早邁入產業轉型的歐美，早已警覺到這些見證當代人類生活轉型的廠房機具，若不設法保存，將隨著時代巨輪的滾動而消逝。然而，這些為了生產而產生的空間，並不適用一般人生活的尺度，該如何轉化功能再利用，是文明遺跡是否存續的重要課題。

臺灣近十幾年才有將土木設施視為文化資產的觀念。道路、橋梁及水壩等大多做為基礎工程的土木設施，長年以來扮演了為人類服務、讓生活更加便利的角色，注重的是實用價值，美感考量似乎比較少。但其實功能良好的土木設施，多半也擁有優美的造型表現，做為共同歷史記憶的見證，意義也不亞於被當作藝術品看待的建築物。

其中，具備經濟產能的設施可歸類為工業遺產（或稱產業遺產），這些設施見證人類從初級產業進入工業革命後技術快速發展，從日常生活到整體環境的各種改變，小至陶、磚、瓦窯與各種產業的生產設備，大至礦區、水源地、氣象站、港口、各類工廠、發電廠等。但在功成身退後，這些設施卻時常遭到閒置、拆除廠房及變賣設備材料的命運。直到近年各種論壇、研討會、工作坊等活動，引進歐美等老牌工業國的保存意識、及聯合國教科文組織發起的論壇與保存運動，才拓展了我們的觀念和視野。

2 連接兩端的橋梁

在眾多土木設施當中，橋梁應該是最為社會大眾所親近、熟悉的一種。雖然橋梁不是建築物，又因其顯著的功能性，在完成任務後時常被拆除，但其中不乏足以做為地標和社會共同記憶的經典作品，其工程技術與藝術價值並不亞於建築。

臺北大橋、明治橋

一八八八年，清代臺灣巡撫劉銘傳興建連結三重埔與大稻埕的臺北大橋，原本設計為鐵橋，礙於經費改為木橋鋪設鐵軌，兩側通行車馬，並可旋開供船隻通行。一八九六年，臺灣總督府進行修繕，並因一八九九年鐵路改線萬華而拆除鐵軌，預計一九二〇年重建為鐵骨桁架橋，並於一九二五年完工。其纖細精緻的鐵件帶有濃厚的時代氛圍，是當時畫家創作取景的寵兒，如陳澄波、陳植棋、李石樵和王水金等名家皆曾以此橋入畫，而李石樵參加第一回臺展的作品便題名為

臺北大橋，一九三〇年代兼具交通運輸與文藝創作的地景。

《臺北橋》。一九三五年，由周添旺[2]作詞曲的臺語歌〈河邊春夢〉，歌詞「……四邊又寂靜，聽見鳥悲聲，目睭看橋頂，目屎滴胸前。……」所指亦為臺北橋頂。可見臺北橋除了橫跨淡水河肩負運輸之責，也成為藝文地景中的重要地標。但戰後臺北橋鏽蝕日漸嚴重，一九六九年拆除重建為鋼筋混凝土橋。一九八七年公路局決議擴建兩側邊橋，一九九六年完工通車。

另一座跨距遠不及臺北橋，但地位同樣重要的明治橋，也是鏤空雕花鐵骨桁架橋，跨越基隆河，肩負連接臺灣神社與參拜道路「敕使街道」的交通任務，由總督府技師十川嘉太郎於一九〇一年精心打造。一九三三年在原本的明治橋旁，另外以鋼筋混凝土完成新明治橋，爾後將功成身退的舊橋拆除。新明治橋以鋼筋混凝土建造，線條沉穩的弧拱支撐橋面，拱圈與橋面間設置疏水孔，跨越河面的三個拱圈曲線和疏水孔的垂直線條，構成優美的韻律。每個橋柱上皆安置造型典雅、兼具結構與美觀功能的石燈籠柱，連結臺灣神社前擺滿石燈籠的參拜道；精美的花崗岩扶手欄杆上設置補充夜間照明的鑄鐵路燈，營造神聖的參拜意象。

到了戰後，臺灣神社逐步拆除，改建為圓山大飯店，第二代明治橋也改名為中山橋。每逢端午節於基

臺北明治橋外觀典雅與穩重，連接臺灣神社與參拜道路「敕使街道」。

隆河舉行龍舟競賽，龍舟從橋底竄出的畫面總是激動人心。一九六八年隨著交通負荷增加，且中山橋為蔣介石每日從士林官邸前往總統府必經之處，護衛車隊龐大，臺北市政府遂將石燈籠柱、扶手欄杆與路燈敲除，將橋面由兩線道拓寬為四線道。然而，颱風季節基隆河氾濫，中山橋被指為加重滯流的因素，雖然臺大水工試驗所的模擬測量數據顯示橋梁對水位影響有限，但二○○二年，馬英九市長任內，臺北市政府在各種考量下仍決定拆除中山橋。後來跨越基隆河的新建橋梁越來越多，但都著重實用機能，再無中山橋那般兼具造型美學與工藝技術的精品。

二○○二年拆除中山橋時，市政府承諾將覓地復原重組，但目前被拆卸為四百餘塊的橋體水泥塊，仍靜靜地躺在距離原址不遠處、位於基隆河北岸的再春游泳池中。二○一○年郝龍斌市長時期，臺北舉行花卉博覽會期間，還曾為了進行綠美化，將橋體構材覆蓋帆布、種植人工草皮隱藏。

二○一七年柯文哲市長宣稱：「大家都知道中山橋要拼起來是不可能的事，早該開死亡證明。」平心而論，由於拆解橋體時採取截斷鋼筋的工法，重組橋梁除了最困難的選址問題，構造工法的確也是嚴峻挑戰，但這在技術史上並非無前例，前提是必須有維護文化資產的觀念，將這些困難視如挖隧道、築水壩一般，挑戰技術關卡的土木成就。反之，若只想「咚咚咚把它敲走；不如就趁哪次颱風夜黑風高，用淹水還什麼理由，把中山橋處理掉。」無疑反映了面對歷史記憶及政治承諾的輕忽怠慢。所幸市長的說法尚未在文化資產審議委員會通過，期待市府團隊持續不懈，尋找更有智慧的重組方案。

臺中櫻橋、柳川橋

除了跨越大河的橋梁以外，許多農業灌溉圳道在城市發展的過程中也成為喧囂市街的呼吸空間。例如日本時代的臺中，素有「臺灣的京都」之盛名，流經市區的綠川原名新盛溪，因佐久間左馬太總督於一九一二年參加臺中神社鎮座祭時讚嘆其翠綠，而更名綠川。昔日邊坡由卵石砌成，河岸花木扶疏，水質清澈見底可浣衣，景觀美不勝收，跨越綠川的幾座橋梁如干城橋、櫻橋、新盛橋，跨距較小、裝飾細緻，採用東京日本橋的西洋歷史主義風格，橋上的古典燈柱倒映水中，為城市塑造歐洲情調的典雅水岸風情。

從車站方向通往臺中市場的櫻

橋，弧拱造型典雅優美，在臺中太平吳家宅園和天外天劇場，皆可見到同樣以鑄鐵雕花塑造家紋徽飾的欄杆做法。戰後因應日漸增多的汽車使用路幅及強度需求，以及局部河道加蓋做為停車場等，橫跨綠川的橋梁僅存新盛橋，並登錄為歷史建築保存，其餘僅能從老照片中追憶。如一九九一年第一市場改建為第一廣場大樓落成後，綠川廣場前河段被填平為公車站用地，櫻橋亦被加蓋為中正路之一部分，橋體構造被掩藏在拓寬的馬路底下。

與綠川並列為臺中市四河川之一的柳川，在清代名為秋大老圳，為紀念在戴潮春事件[3]中罹難的淡水撫民同知秋曰覲，除了是灌溉水圳，也是日本時代重點打造的市區水環境景觀。早期日本來臺的官僚體系中，因為派閥、軍系和地緣關係多為九州地方人士，當時掌控新政府

高兩貴與櫻橋旁的新高旅館

高兩貴（一九〇七－一九八〇）為臺北人，曾任臺中奉公青年隊企劃部長、皇民奉公會臺中州支部委員，臺灣文化協會成員。一九三九年開設新高旅館，位於臺中車站前的綠川櫻橋南側街廓橘町三丁目，與臺中第一公有市場隔橋遙相對望。原為辰野風格的西洋歷史主義樣式的兩層樓店屋，改建為三層樓的新高旅館後，採用當時流行立面帶有垂直線條分割的裝飾藝術風格。戰後曾改名開羅餐廳，但高兩貴於二二八事件時受到牽連，遂將產業讓渡給鐵路管理局經營臺中鐵道飯店，後出售改建為通寶大樓。

臺中新高旅館，三層樓高，外觀設計採用帶有垂直線條分割的藝術風格。

核心首腦的，多為出身長州藩的陸軍派閥，故在權力平衡及調配下，派遣薩摩藩背景的海軍派閥先行抵臺，如首任臺灣總督樺山資紀即為鹿兒島的薩摩藩士之子；而奠定臺中棋盤式都市計畫原則，邀請爸爾登和濱野彌四郎來臺規劃上、下水道系統的縣知事木下周一，也是佐賀藩家臣之子。

也因此秋大老圳在日人的懷鄉思緒下，被依照九州柳川市運河的樣貌打造，河岸種植楊柳樹，改名充滿日式風情的柳川。戰後，柳川橋因道路拓寬而拆除，新建民權柳橋。近年臺中市政府整治柳川，將原有水體導入箱涵、部分河段使用礫間現地淨化，河道空間再做景觀美化，造景親水公園。但若能透過這樣的大工程帶動房地產市場以外的城市價值，重視河道周邊珍貴的歷史環境，才是邁向偉大城市的基本態度。

臺中櫻橋，橋體裝飾細緻，古典燈柱塑造出歐洲風情。

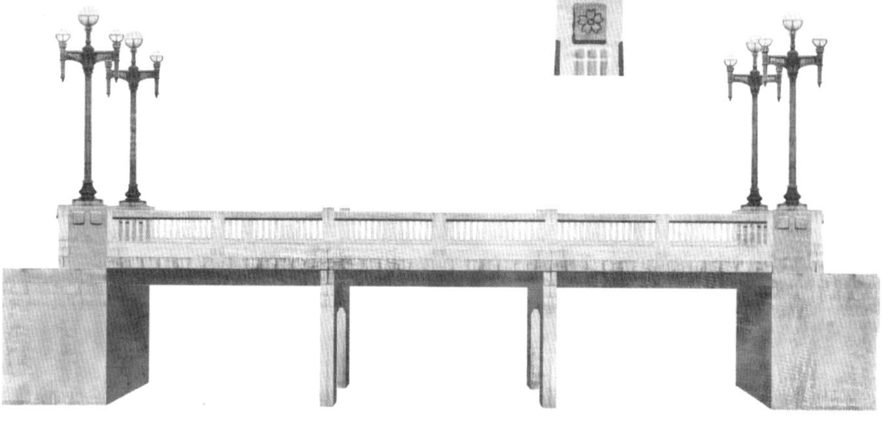

臺中柳川橋，橫跨柳川，橋體帶有古典風情。

柳川橋旁的林烈堂宅

柳川上的柳川橋，如同綠川諸橋充滿古典風情，但因河面更寬，跨距更大。日本時代柳川橋畔，左岸是壯觀的臺中醫院，右岸則是有「臺中本島人第一豪宅」之譽的林烈堂宅邸。林烈堂名朝璣，字烈堂，號少儀，生於一八七六年，為霧峰林家頂厝領導人物，獻堂、澄堂、階堂族兄，曾任臺中廳參事、臺中州協議會員，並經營製麻、樟腦事業，先後擔任嘉義製腦組合長、臺中製糖社長、臺灣製麻、臺灣商工銀行、華南銀行董事。也是公立臺中中學校創立委員長，創辦臺中州私立臺中商業專修學校並擔任首任理事長、董事長。其宅邸落成於一九三五年，有日式庭院近九百坪，建材全為日本進口。平面近似正方形，原臨河面有觀景窗，玄關凸出，外牆覆棕色不規則紋路面磚，室內可見歷史主義樣式的木作家具，最初的彩繪玻璃留存至今。

林宅設計者為總督官房營繕課技手竹中平一郎，監造者為畢業於日本武藏野高等工業學校的臺籍建築家、清水楊肇嘉的堂侄楊貽柄，棟梁匠師為陳生奎。宅第落成當月即發生墩仔腳大地震，後又經九二一大地震，但皆無損傷。戰後轉賣吳家經營「三福大飯店」，部分庭院改建為加油站，再之後開設「柳岸風情餐廳」，近年則陸續改為酒店、KTV。由於缺乏文化資產法定身分保護，屋主也缺乏保護文化資產的觀念，長期以來任意改建，致使林烈堂宅如今面目全非。

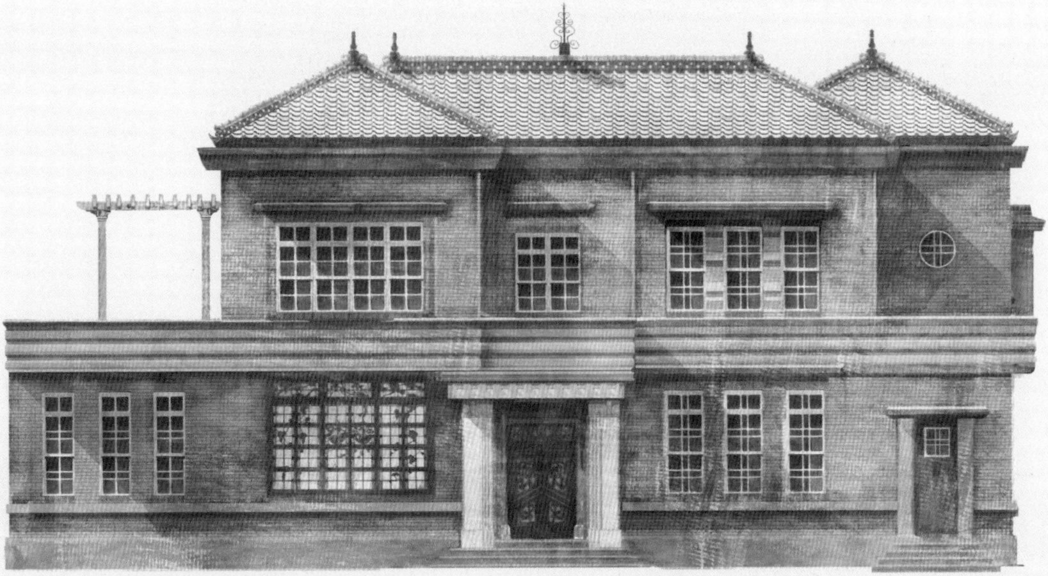

林烈堂宅有「本島人第一豪宅」之譽

花蓮福住橋

關於橋梁的保存，臺北明治橋的拆卸方式成為一種不良示範。例如建於一九二三年的新竹芎林呈甘橋，因為橋墩被認為加重水患，影響周邊居民安全，二〇一二年時一度決定以拆卸重組的方式移橋。此外，明治橋解體的負面效應，也影響了花蓮市區福住通內，舊名紅毛溪、俗稱「溝仔」的自由大排上兩座福住橋。

這兩座建於一九三〇年代的鋼筋混凝土洗石子橋，分別為自由街與南京街口的福住橋，以及位於成功街口的第二福住橋，其橋柱線腳等工藝細節，與大阪中之島兩側同時期眾多都市型的小型橋梁，同樣呈現了當時流行的裝飾藝術風格。

戰後，排水溝上搭建了許多人家，生活與溪水緊密結合，而在以車輛交通為本位的都市空間發展思維下，縣政府計畫將溝上人家拆除後，填平大排做為「日出觀光香榭大道」，改變景觀以提升觀光人數。但福住橋的歷史和藝術價值，引發學者與環保、文史團體請願將其指定古蹟保存。期間雖曾一度被指定為縣定古蹟，但因縣府為爭取中央的綜合發展基金，執意加蓋排水溝，並考量橋梁可能阻礙通洪，後來決定以古蹟指定不符程序的名義，撤銷其古蹟身分，改登錄為歷史建築[4]。二〇一五年，傅崐萁縣長任內將兩橋切割拆除，暫時安置在南濱街與明義街間的三角公園移地保存，雖然縣府承諾將已進行測繪紀錄的橋體移地重建於別處，並復建為文化地景，然至二〇一七年，橋體仍為閒置狀態，遭議員痛批「任由古蹟長草」。

人類生活原本就與水息息相關，

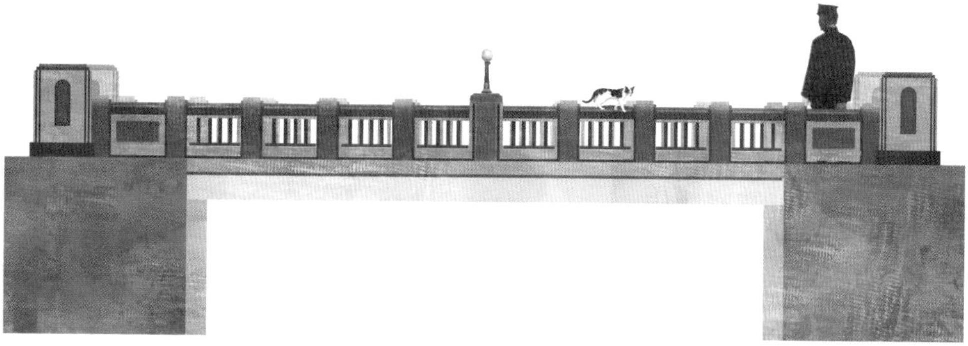

花蓮福住橋，建於一九三〇年代的鋼筋混凝土洗石子橋。

世界各地的城市為提升水岸生活環境，近年已有將以往加蓋的溝圳水岸重新「開蓋」，以生態工法或整體景觀規劃、整治河岸的趨勢。例如二〇〇五年拆除河上高架道路的韓國首爾清溪川，以及二〇一一年完成開蓋的桃園老街溪整治改造，還有同年完成的新北市新莊中港大排整治等，都是非常著名的案例。但花蓮縣政府卻反其道而行，迴避水岸整治工作，放棄打造優質臨水景觀的機會，也讓歷經八十多年歲月的老橋離開原位。期待未來能看到溪溝重見天日，充滿歷史意義的老橋也能回到原本的崗位，繼續成為發生故事的記憶場景。

3 了解新領地

「覆蓋水道」做為一種改變地景的方式，隔絕了人類學習與自然環境共生的機會。但人類總是期望掌握環境的各種變化，如測候所就是因應此種需求而生的土木設施。對位於高緯度的日本帝國而言，得到低緯度的新領地臺灣之後，面對島上迥異於本土的自然氣候，理所當然地展現出極大興趣，因為這關係到日本如何利用物產和天然資源，也是擴展勢力至南洋的準備作業。

臺北測候所、澎湖測候所

因此，早在一八九六年，隸屬臺灣總督府民政局的氣象臺，便從臺北、臺中、臺南、恆春和澎湖開始，建造氣象測候所，掌握北、中、南與離島各種氣候帶的資訊，預計將記錄成果做為未來規劃產業配置、確保民眾生命財產安全的重要依據。爾後，隨著各項建設發展，如關乎飛機場配置的天候資料、港口建造所需的潮汐資料，以及地震和颱風等各種常見天災紀錄分析等，因應各種需求的氣象數據越來越重要，以至於日本時代結束時，全臺共建造多達二十四座的各式測候所。但如今，平面近似圓形、而有「胡椒管」或「墨水罐」暱稱的測候所只剩一座落成於一八九八年的臺南測候所，是昔日日本領土內現存最古老的現代測候所，其餘兩座圓形的臺北、澎湖測候所皆已改建，因此特別具有見證氣象發展史的重要意義。

為因應做為臺灣測候所總局的龐雜業務量，最初落成於一八九六年的臺北測候所高達兩層樓，基地與總督府國語學校、第一高等女學校同樣位於文武町五丁目，於一九三

左頁：臺北測候所，一八九六年落成，有「胡椒管」的暱稱，最高處為測量風力的風塔。

Karte von
FORMOSA

〇年代由斜屋頂改為平屋頂。一九三八年原建物拆除，新建四層樓的現代主義廳舍，一九九二年再改建為今日的中央氣象局大樓。

建於清代的漁翁島燈塔，為澎湖早期的氣象觀測紀錄，明治時代開始即與香港、上海氣象臺交換海象情報。一八九八年與臺南測候所同時落成的澎湖測候所接續使命，其圓形廳舍建築至一九八〇年才被拆除改建。此種造型的測候所，至今在全世界皆無類似案例，很可能是明治維新後，幾乎完全模仿與接受西方文化的日本人少見的獨創發明。內環圓柱為測量風力的風力塔，外環則有上下兩層樓各六間辦公室。其近似圓形的十八面體平面，用圓形的三六〇度整除之，可得每面二十度的十八個方位，做為氣候方位判準的輔助，屋架則在室內呈現傘形放射狀結構。而這一座設施，捕捉人類難以完全掌握的氣候訊息，卻使用了讓人難辨方向的多邊形平面，實為一微妙巧合。

澎湖測候所，其牆面與屋頂，為日本人獨創的近似圓形的十八面體。

4 現代化的普羅米修斯

現代生活不可或缺的電力，也曾出現相應的精彩設施。一八八八年，臺灣電力產業由臺灣巡撫劉銘傳於臺北創立「興市公司」，裝置小型蒸氣燃煤發電機，以低壓供應照明為主，但進行數個月的實驗測試之後，並未持續發展。

古亭庄配電所

一八九六年，臺北電燈株式會社的山下秀實申請在基隆河畔興建火力發電所未果。一九〇二年實業家土倉龍治郎、荒井泰治、木下新三郎、柵瀨軍之佐等人向總督府提出於龜山進行水力發電計畫，成立「臺北電氣株式會社」，次年由兒玉源太郎總督裁示收購為官營，成立臺北電氣作業所。一九〇四年底完成龜山發電所的土木工程與室內輸電線路，次年正式完工，架設至臺北古亭庄配電所長十六．五公里的電線，再送至三市街及新店溪畔的公館水源地輸水設備使用。

由於配電所的空間配置僅需考量機械設備，相對單純，因此建築外型比較可以發揮。一九〇五年開始試送電，位於兒玉町四丁目三番地水道長官官舍南側的古亭庄配電所，建築體為磚木構造，由小野木孝治設計，靠近街道北側設有一座圓頂外覆銅皮、四面開有圓窗的塔樓，圓頂上還有精美的銅製避雷針，

古亭庄配電所，圓頂造型、四面圓窗的塔樓設計，似教堂的鐘樓。

臺南配電所，北歐式急斜屋頂加上精緻雕花的木造外廊，華麗程度不輸官廳。

避免閃電造成木造屋架起火及設備損壞，乍看外觀像是小教堂的鐘樓。屋頂設連排太子樓，以及大面積開窗的推拉重錘長窗，皆有利於室內發電機具運作時散熱。戰後，此地由臺灣電力公司接收，目前持續做為古亭第二變電所使用，供電區域為環河快速道路、辛亥路、新生南路、忠孝東西路範圍內。

臺南配電所

至一九一一年，臺北、臺中、臺南皆已完成水利發電的供電系統。臺北後來又興建小粗坑發電所；臺中則於后里設發電所，供臺中街及彰化街的配電所使用；臺南的發電所則在竹仔門，供應至楠仔坑，再輸送臺南及打狗共三處配電所。其中，臺南配電所位於清代臺南府城南城牆內的北側，在臺南神社、臺南地方法院、南門小學校與臺南刑務所之間，外型採用北歐式急斜屋頂，上開大型及連排牛眼型老虎窗，如官廳般華麗，加上殖民地風格的精緻雕花木造外廊，則又似官邸。從今日角度觀之，以土木設施而言或許過於浮誇。

在日本也有由片山東熊所設計、如宮廷別墅般的京都九条山淨水廠幫浦室，以及由小原益知設計、古羅馬式拱門的琵琶湖疏水道水門。明治時代以華麗的歷史主義樣式打造土木設施，是由於近代工業革命以來廠房建築風格樣式尚未發展成熟，直到現代主義萌發後，工廠建築才有較為鮮明的獨特形貌，或者反過來說，工廠的空間需求和生產意象也強化了現代主義的形象。

當代人的健康觀念與相關要求提高，如今的變電設施時常因可能危

北部火力發電所再利用為海洋科學館的歷程丟棄大量文物，保留太少歷史證據。

害人體的電磁波而被視為嫌惡設施，需要躲藏於市街，「偽裝」在看似民宅的構造中。土木設施的建築樣貌，從文明象徵到融入生活，反映不同時代的社會心理需求。

北部火力發電所

日本時代晚期，臺灣進入工業化時代之後，電力設施建設又呈現截然不同的樣貌。北部火力發電所簡稱北火，為臺灣電力株式會社主導興建，清水組承造，為「水主火從」發電政策架構的一環，確保枯水期的發電量穩定無虞。北火落成於一九三九年，所長為出身總督府土木局技手的高原量四郎。為了利用海水冷卻，選擇於本島與八斗子島間的水道，經人工填海造陸構築，燃煤由瑞芳煤場收集碎煤後，用駕空索道運至廠內，發電量為三萬五千瓩，為當時東南亞發電量最大，構築觀念及設備最新穎先進的火力發電所。戰後於一九五五年接受美援及西屋公司貸款，由美國懷特工程顧問公司完成擴建，一九六五年更名為北部火力發電廠，一九八一年除役停機，後撥交教育部於原址採新舊共構方式興建海洋科技博物館，歷經二十四年籌建，於二〇一三年開館。

北火樓高六層、佔地四千坪，為鋼筋混凝土構造，外觀簡潔，與早期風格細緻古典的配電所呈現顯著的對比。內部使用巨型鋼構撐出大跨距，以容納發電機組設備，空間尺度充滿科幻及未來感，顯示南進基地的工業實力，轉型做為展示教育空間相當適宜。可惜新館區設計的現代風格過於強烈，未能以凸顯歷史空間、保存歷史文物為主要設計理念，與老廠房的對話不足，僅存的北火遺構也缺乏標示說明，隱沒在新穎的展場空間中難以為觀眾察覺，僅做為襯托新建築的空間元素。北火曾經閒置多年，於二〇〇四年才被登錄為歷史建築，在未普遍重視產業遺產的年代，能有融合新舊空間的建館構想已屬難得。在社會尊重歷史文物觀念日漸普遍的氛圍下，未來處理此類保存與新建關係的議題還有不少進步空間。

5 移地重組復原意象？

鶯歌許家瓦窯

如同臺北明治橋和花蓮福住橋的命運，移地重組的文化資產，即便履行拆卸時的承諾，也未必就能夠如實重現風華，屬於二級產業土木設施的鶯歌許家瓦窯（協興窯）即為一例。鶯歌在清代即因盛產黏土而有燒製磚瓦的窯業活動，是當地重要產業，窯體高聳的煙囪串聯成鶯歌當地獨特的天際線，乍看之下彷若義大利中北部山城聖吉米尼亞諾（San Gimignano）的中世紀塔樓群。

以卵石和磚疊砌構築的許家瓦窯興建於一九三〇年代，因造型得名「包仔窯」或「龜仔窯」，此類窯體在中國另有饅頭窯之稱。與臺灣其他地方的包仔窯相較，另設置燒製黑瓦所需的儲水溝槽，在燒製時可潑水於窯身，促使窯內還原氣氛，造成瓦片積碳變黑，為其構造配置的特色，也是鶯歌最後一座被拆除的包仔窯。

二〇一三年，購得瓦窯基地欲新建建案的長虹建設，宣稱有倒塌風險，拆除窯體具有八十多年歷史的煙囪，經地方人士抗議，在文化局協調下，建商將剩餘的構造卸解，復建於鶯歌陶瓷公園。但曾經做為醒目地標，原本的地下煙道與燻到漆黑的磚造煙囪卻因為欠缺物件而無法復原，重建的窯體被地方耆老戲稱為嶄新的公廁，與原貌差距甚大，完全無法看出以往生產瓦片的製程，也無法讓人聯想拆除前的古樸原貌。

雖然已有高雄市中都唐榮磚窯廠被指定為國定古蹟的案例，但全臺各地有更多窯廠遭到毀棄。二〇〇八年，劉政鴻任縣長時的苗栗縣政府，就曾以補償地主為由，強拆位於高鐵特定區的珍貴四角窯。二〇一五年，曾燒製磚瓦運銷各地而負盛名的臺南歸仁十三窯，也被拆除殆盡走入歷史。此類窯體土木遺產不若經典建築物精美，容易被排除

鶯歌許家瓦窯，燒製黑瓦所需的儲水溝槽為其構造配置的特色。

於傳統文化資產保存視野，但窯體曾經製造的磚瓦，正是建造精美建築的基礎，缺少了建材生產的場所，討論文化資產的脈絡也有所缺憾。

6 外表遮蔽、內涵消失的產業遺產

從僅保存構造的北火到異地重組的協興窯，土木設施類產業遺產的保存歷程，時常著重於保存構造物外觀，卻沒有以同樣態度對待可謂遺產靈魂的器材與機具等生產設備，而將之視為一般財產報廢，甚至當作廢棄五金回收的情況。早年公賣局遷移廠區，即以此種思維處分舊廠內的生產設施，即便廠區經文化主管機關指定為文化資產保存，仍時常僅剩空殼，無法從遺產中獲得產業運作的知識。

總督府專賣局板橋酒工場、松山菸草工場

一九三九年落成啟用的專賣局板橋酒工場，是典型折衷意念下的作品，靈感來自交通設施的水平流線風格（Streamline Moderne）。設計者梅澤捨次郎和武知幸文等日本時代晚期的總督府技師，熟稔現代主義簡潔、追求速度感等造型特徵，但在設計象徵專賣權威的專賣局廳舍時，仍採取以往歷史主義廳舍的表現手法，以中軸對稱的莊嚴感營造公家機關的威儀，使建築同時具有計畫經濟體制的象徵與現代化的意涵。廠房廳舍正立面的表情意涵，與近二十年前，森山松之助設計總督府專賣局廳舍，透過設計手法展現政策支配權力的傳統並無二致。

板橋酒工場戰後歷經菸酒公賣局第三酒廠、板橋酒廠，一九九八年

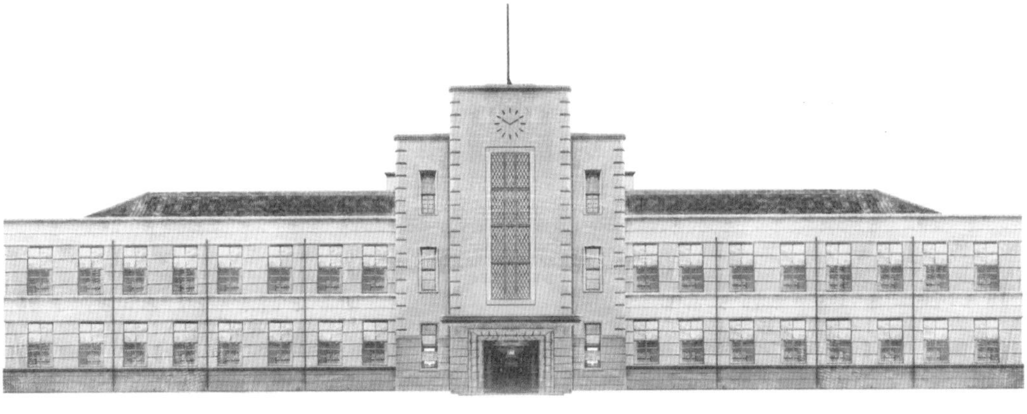

板橋酒工場（上）、松山菸草工場（下）設計靈感來自交通設施的水平流線風格。

水平流線風格

一九二一年，匈牙利的工程師加雷（Paul Jaray）在風洞實驗中證實了流線造型在物體運動時有助於降低風阻的效果，此後，從交通工具開始，工業產品的設計師遂以流線設計為指標，圓弧形狀逐漸取代稜角分明的造型，出現在擋風玻璃、踏腳板和各種設計的細節中。弧線就此成為速度與優雅的代名詞，例如布加迪（Bugatti）、克萊斯勒（Chrysler）、雪弗蘭（Chevrolet）、求盛伯格（Duesenberg）等歐洲各家汽車大廠，紛紛推出以圓弧為新風格亮點的車款，流利的曲線帶領人們進入一九三〇年代。這般工業化生產的曲線，當然不若新藝術時期建築師高第所言「是屬於上帝的自然曲線」，而是人為意念非常強烈的工業制式產品，弧度於一分一毫錙銖必較。

漸成脈絡的水平流線風格（Streamline Moderne）對一般家庭用品的外型造成影響，另一重要改變是材料的運用。以人造樹脂成型的四三九收音機、以鋁條裝飾的柯達相機、以金屬為羅森鐘表公司設計的時鐘、真空吸塵器等，代表的是傳統以手工生產器物的歲月消逝，透過工廠大量複製商品，將理想生活量化販賣的時代業已到來。美國城市中相當流行的快餐店建築，更是直接以車體造型和金屬材質，反映商品特性與公路文化，模糊了器具與建築的界線。

但以建築而言，在金屬材質之前，混凝土技術的出現，就已經對建築造型轉向流線的發展帶來影響。人們對混凝土的應用日漸純熟，不再只將混凝土當作建材接合的黏劑或模仿石材的工具而已，而開始有自信地將它視為表面的材質，不再加以掩蓋，甚或以其為主角，製造曲線變化豐富的建築立面表情，做到一些傳統建材如木、石難以表現的質感。

典型的水平流線風格，雖因資本主義當道的時代潮流與工業化的背景，被歸類於裝飾藝術風格之下，但它其實具有相當鮮明的風格脈絡：壁體來自交通工具速度感的水平線條；弧形邊緣與轉角窗戶、玻璃磚塊壁，則來自郵輪與飛船的圓形舷窗；金屬鉻色、以水泥粉光上漆的平滑外壁、平坦屋頂與因應美國公路系統稍縱即逝的駕駛視線而產生的大型招牌、淺粉色或高明度及彩度的底色等等，都讓這些原本運用於餐車，到後來發展成一個完整體系的建築風格，展現出與來自博覽會及百貨公司的裝飾藝術大異其趣的時代風貌。

臺灣從日本時代中後期，因為工業化的治理政策引進水平流線風格，然而它的大放異彩，卻要等到戰後因輸入美國的汽車公路文化、美學意識及規劃觀念之後，才透過客運系統到民宅的廣泛應用，接續趕上這股講究速度的時代潮流列車。

紐約賓州車站旁的灰狗巴士車站，反映鐵路及公路運輸轉乘的站體配置關係，阿博特（Berenice Abbott）攝於一九三六年。

關廠後拆除，現為住宅與辦公大樓林立的新板特區。設計手法相同、廠房格局更具規模的松山菸草工場仍存在，如今是臺北市重要的文創園區。但因大巨蛋及其附屬設施錯誤擇址於菸場側邊，導致廠房西向立面被遮蔽大半，八十年歷史的廠房構造也因大巨蛋工程處處產生裂縫。此外，松山菸場和公賣局的臺北華山、臺中、嘉義、花蓮等酒廠一樣，都欠缺完整的生產機具保存規劃，只能填充新產業於其中，無法做為產業史的展場。就連擁有龐大產業遺產的臺灣鐵路管理局，長期以來也是以這樣的思維對待鐵道文化資產，例如：保存號誌樓的房舍卻拆卸閘柄、保存鐵路機廠廠房卻任由器械文物被當作藝術創作的素材而任意搬動，都是缺乏「究竟為何保存」的價值論述，只完成淺層表面保存作為的缺失。

7 軍事工業與軍眷住宅的交疊

日本海軍第六燃料廠新竹支廠

佔地廣大的工廠，時常與開發利益產生衝突而遭拆毀，在新竹便有一處非常特別的案例。二戰期間，日本考量臺灣位於本土與南洋之間便於輸送補給的戰略地位，於一九四一年在運輸便利的高雄港、新高港（臺中港）及盛產天然氣的新竹，建造三座海軍燃料廠，原預計一九四七年完成，但全部完工投入使用之前，戰爭即已結束。日本海軍第六燃料廠新竹支廠（簡稱六燃廠），是為提高航空燃料辛烷值，合成天然瓦斯和蔗糖煉製異辛烷做為飛機添加劑的廠房，但因合成設備始終未送達臺灣，故改為生產檜木油及樟腦油等其他航空揮發油

海軍第六燃料廠新竹支廠，從軍事工業廠房到軍眷宅，具有多重歷史意涵。

品。原本有斜屋頂，後遭颱風吹毀，一樓挑高的圓弧連續拱圈為其造型特色。

戰後，廣大的燃料廠由許多單位共同接收，包含清華大學、建功國小、中油和忠貞新村等三百三十公頃的土地都在原六燃廠範圍內。其中，合成工場二樓在國共內戰時期，由國防部安置五十多位陣亡及失聯官兵的女眷，在高聳的磚造廠房牆體內部搭建眷舍，形成大屋包小屋的屋中屋型態，被地方稱為「寡婦樓」。利用土木設施遺產做為眷村住宅的構造持續使用，這種臺灣獨特歷史及地理背景的產物，在產業遺產再利用的觀念出現以前，於全世界而言皆為非常罕見的案例。

近年因為國防部推行眷改政策，這棟深藏於眷村內的奇特構造受到專家學者及文史工作者的重視，欲將其申請文化資產保存。新竹市政府也同意透過都市計畫變更容積移轉，將這塊土地的開發利益轉出，不會損及國防部的權益。但二〇一四年，文化局正在進行合成工場資產價值的審議，居民為領取國防部的眷改自拆獎金，在拆除自家增建眷舍時一併拆除廠房一角；翌年，剩餘部分又遭眷戶趁連續假期雇工拆除完畢。

在主張保存者的眼中，六燃廠雖然具有一樓連續拱圈等建築特色，但更重要的價值在於歷經改朝換代、疊加積澱的多重歷史意涵，遭到拆除非常可惜；而在主張拆除者的眼中，這片廠房記載的是家族過往顛沛流離的傷痛歷史，更擔心長輩被稱為寡婦、帶有汙名的歷史被流傳下來，妨礙此處未來的經濟利益。兩方因立場不同而無共識，為政權交替後國族認同與歷史詮釋多元分歧的結果。遭到強拆之後，新竹市文化局尚在研擬後續處理方式。

在燃料廠做為軍事工業遺產得到保存的同時，「眷村」是否能視為一種獨特的文化資產類型、又應如何保存，成為近年來討論的焦點。由於這種因特殊歷史背景而產生的居住群落歷史並非特別久遠，建築也非精雕細琢，社會普遍難以理解其保存價值。

但這種見證莊敬自強的克難歲月、胼手胝足打拚生活的載體，反映於使用者克勤克儉挑磚擔瓦的自力營造，也已是族群的共同記憶，如果這段歷史是值得記憶的，就不能只用建築是否精巧的角度檢視眷村的價值，而應該著眼於如何保存才能讓後人了解這段歷史。

從日軍的燃料工廠到國軍眷屬的棲身之所，都是真實的歷史，端看後人用何種態度詮釋。除了被拆除的寡婦樓之外，該區域內尚保存許多珍貴的歷史遺蹟，不僅政府主管機關應拿出智慧與魄力面對爭議，更是社會需共同深思與持續討論的議題。

8 官商一體的交通與物流儲藏場所

總督府專賣局菸草倉庫

從臺北邁入現代化產業生產的過程中可以發現，為便於原料及成品輸送，臺北城中重要工廠的擇址皆與縱貫線鐵道路線息息相關。如臺北汽車客運北站的廠舍，在日本時代最初是總督府專賣局臺北菸草工場的原料倉庫，原有東西兩棟並排，工場則在今日臺北轉運站的位置，於一九一二年開工生產，一九二七年購買西側鄰地新建原料倉庫。一九三七年菸草工場為擴張腹地，遷往松山新建廠舍，部分廠房及倉庫轉賣給大日本製冰株式會社，但仍保留部分業務，持續使用至戰後。

大日本製冰株式會社的前身為日東製冰株式會社，約於大正年間來臺發展，以製冰、漁貨及家用冷藏、清涼飲料為主要業務，一九二八年與龍紋冰室株式會社合併，一九三一年在臺灣已有十一間工場。戰後土地被承德路分割，僅存的菸草工場搬遷至新店安坑臺北菸廠，東側的廠房於一九六八年起改建為建成國民中學，一九七三年起拆除廠房。

西側倉庫具有大跨距的木桁架屋頂，一度成為批發魚市場，後轉交臺灣省公路局，

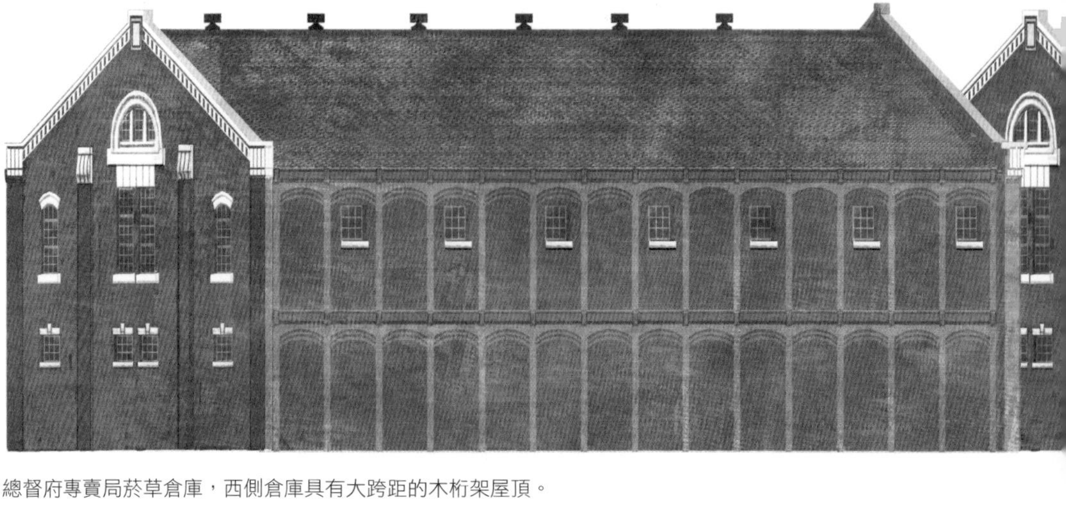

總督府專賣局菸草倉庫，西側倉庫具有大跨距的木桁架屋頂。

將原臺北橋站遷於此處設為臺汽北站，拆除東倉庫為客運車道腹地，保留西倉庫改建為站房。二〇〇五年，客運站併入拆除建成國中後新建的國道客運臺北轉運站，已於二〇〇六年登錄為歷史建築的站房及土地，又於二〇〇七年被臺汽標售給建設公司，並預計在此推出建案，二〇一三年站房遭解體，待將來運用原構件進行意象復原。這樣的城市空間發展方式與過程，突顯了法定「歷史建築」身分缺乏實際保障的處境，也反映從日產到公有資產，在戰後數十年間因公營企業民營化，力求謀利而變賣資產的常態。

三井物產株式會社倉庫

日本時代民間最大財閥三井物產株式會社在臺北的據點，經歷數次搬遷，從淡水河畔的港邊街到城內表町之間，留下了遷移的軌跡。其中，位於北門外的倉庫是該街廓中最早興建的兩層樓磚木構造建築，可能是與業務對象廣通運輸社合建；除了自用，也陸續租借給其他會社。

三井會社能將營業據點設置於鐵道部與臺北郵局辦公廳舍之間，鄰近政府主管鐵路及郵政兩大物資與訊息流通業務的中心，足見企業主與政治權力的緊密關係。三線路是臺北走向現代都市的重要里程碑，三井倉庫臨路旁設「亭仔腳」，由正面四柱三連磚拱與兩側各一拱構成，是一九〇〇年總督府公布《臺灣家屋建築規則》中，經過法制化規範的街道建築元素，南半側屋頂乍看為寄棟造[5]，北半側為切妻造[6]。

三井倉庫面對三線路的南側立面上設置圓弧山牆，理應為

三井物產株式會社倉庫，北市府最初承諾採用平移工法搬遷，最後卻拆除易地重建。

建築正面，上有三井會社紋章辨明身分，同時北側立面由於面對縱貫線（鐵路地下化後今為北平西路），每日多班列車往返時映入旅客的視野，亦被視為門面。做三角形山牆，將會社紋章置於氣窗，因應街廓角落獨特場域的雙向正立面設計，及建築物與基地位置的緊密結合。

戰後做為日產，由臺灣省政府貿易局自三井物產會社接收，曾出租做為各種倉庫及辦公室，因近鐵路地利而持續有承租者使用，直到二○○二年精省後，才由鐵路局接管。興建年代早於兩個市定古蹟——臺北郵局及大阪商船株式會社臺北支店，是現存北三線路（今忠孝西路）上年代最早的建築，見證了臺北城邁向現代化的過程，具有重要的歷史意義。但無奈的是，三井倉庫卻在二○一六年因臺北市政府推動「西區門戶計畫」時，因偏重交通路幅，與獨尊漢人文化、重現已拆除的北門甕城景觀的規劃方案相牴觸，而面臨異地重組、脫離歷史場所脈絡的處境。

二○一○年，三井倉庫被專家學者及民間人士向臺北市文化局提報古蹟訴求保存，但在審議委員會缺乏資料佐證、硬體保存情況不佳的情況下，價值遭到低估，僅被登錄為臺北市歷史建築。本案方圓百餘公尺的範圍內，如一百三十多年歷史的北門，以及比三井倉庫更晚興建的總督府鐵道部新廳舍，皆為國定古蹟，甚至同樣有百年歷史的撫臺街洋樓（高石組本社），及一九三○年才落成的臺北郵局新廳舍也都有市定古蹟的身分。三井倉庫在產權單位臺鐵無力修繕的忽視下，木構造屋架毀損嚴重，也因此在文化局推動「老房子文化運動」計畫時，雖被納為標的，卻因屋況破損嚴重，需大筆整修經費而找不到有意願整修再利用的團隊。

柯文哲市長入主臺北市政府後，延續前任市長政策，推動自一九九○年代以來的臺北車站周邊地區的空間及景觀改造計畫。在最初由交通局提交的方案中，拆除北門高架橋，本不影響文資間的空間關係，但在都發局提出的新方案中，為擴大北門廣場北側腹地，往北推擠忠孝西路，致使三井倉庫需位移至別處。這是延續戰後以車輛動線為本位的規劃思維，沒有將「不移動文化資產」做為先決條件，忽視了需以步行才能親近的文化資產，反映的是「車輛比行人更重要，或說坐在車裡的人比車外的人更重要」的階級不平等。

將三井倉庫移至他處的方案，也反映了文化資產保存觀念的倒退。第一個觀念倒退，是凸顯文化資產的優劣排序。僅由少數學者專家主觀決定何者應該原地原貌保存而何者不必要，代表某些文化遺產比另一些更加重要。

日本時代拆除清代城牆，刻意保留城門於路中央，是為了仿效歐洲城市紀念碑式的景觀。一九七七年市府興建北門高架橋時，也遭當時的市議員蔣淦生、吳敦義等人質疑不拆北門將影響車行動線順暢，是否有將北門原地保留的必要。多年來，社會歷經了對文化資產的認識與建構，如今對於北門原地保留的價值已無疑慮，但規劃者卻還是以調整交通動線為由，進行文化資產位移的不可逆工程。矛盾的是，如果車流順暢為最優先的考量，當初也不需要拆除高架橋。所以，這也是文資委員對不同文化價值主觀評定優劣的結果，無法多元並呈各種文明在這塊土地上的積累。

第二個觀念倒退，為破壞歷史場域的空間關係。北門是從大稻埕到城內的必經要道，也是日本時代臺北市的城市核心，區域範圍內的歷史文化資源豐富，除了上述幾座古蹟與歷史建築外，一路往西至淡水河岸，從地面上到地面下，都還保留許多見證清代洋務運動到日本時代鐵道系統的文化資產。如今透過西區門戶計畫，終於要將長期以來被各種車行交通線路切割的支離破碎的歷史場域串聯起來，卻仍然為了交通考量而欲搬遷文化資產，違背門戶計畫由市府宣稱彰顯歷史文化的本意。

在文化資產豐富的歷史場域中，推動以大眾運輸工具及步行為主要交通方式，代替自小客車對文化資產氛圍的破壞，是各國規劃重要歷史城區的趨勢，北門捷運站的設置也支持此區朝這個方向發展。如果以長遠格局看待城市願景，在空間規劃方面卻仍拘泥於以汽車為主體的交通要道，進而造成不可逆的歷史場域破壞，至為可惜。

交通流量隨城市發展需求有所增減，也可透過動線引導將車行密度疏散，但文化資產一旦搬離，就失去場所精神且難以回復。二〇一六年，在林欽榮副市長與都市發展局林洲民局長的主導下，罔顧民間團體提出多種替代方案，執意移置本應與土地緊密連結的三井倉庫，甚至以「現況殘破毀損」、「鄰近捷運與道路等系統，構造安全堪慮」為由，強化拆遷的正當性，突顯市府輕忽歷史場域脈絡，仍未脫離一九七八年遷移林安泰古厝、獨尊車輛路權的舊規劃思維。二〇一八年遷建工程完成，原本市府信誓旦旦會妥善復原，卻在上梁典禮時被發現三井倉庫最具識別特徵的正立面山牆，因技術問題未能組裝回原位置而新作仿品，原本的磚砌山牆僅能置於地面做為展示之用，為臺灣文化資產修復的負面案例。

9 農業地景中的表現主義

大正年間在「工業日本，農業臺灣」的國策下，總督府致力研發適合日本人口味的稻米。任職總督府農業試驗場的稻作專家磯永吉[7]與末永仁，為改善在來米較無黏性的問題，一九二一年於草山竹子湖將粳米和秈米混種成功，開啟了後來的蓬萊米時代。稻米成為政策主導的經濟作物，各州立的農業試驗場也鼓勵地方農業組合興建穀倉以存放稻米，全臺各地開始建造超大容量的新式農倉。

彰化農業倉庫

由「彰化振業信用購買販賣利用組合」經營，落成於一九二五年的彰化農業倉庫，因應中部地區最早的臺中穀倉不敷使用而建造，也象徵稻米與甘蔗競爭農作地的米糖相剋過程中，原本主力在北部的稻米向南擴張版圖的趨勢。彰化農倉一年儲量可達六萬袋，新穎前衛的造型，成為主宰天際線的奇幻地標。

彰化農倉最引人注目是，充滿造型力道美學的拱型屋頂，使用鋼筋混凝土構造，抛物線的線條造型來自當時最前衛的歐洲表現主義的思潮，屋面覆蓋斜鋪方型紅磚，上開連排半圓型氣窗則是符合儲存需求的機能考量，氣窗上則有深出簷防止雨水落入倉內，並可利用熱對流方式保持內部通風乾燥。圓弧屋頂下為中央輸送帶與內倉，環繞內倉

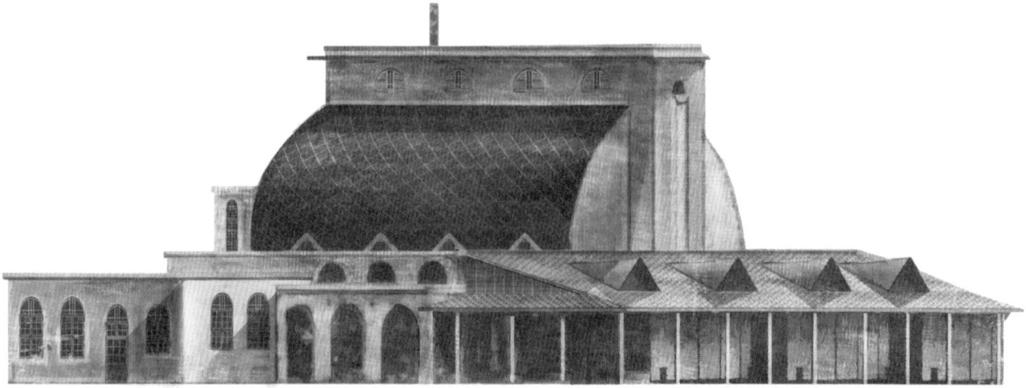

彰化農業穀倉，鋼筋混凝土結構，造型前衛。

周邊則為外倉、碾米機房、粗糠間、辦公室、拱圈外廊等磚木混構的空間，構成機能相互關聯的龐大建築群組，遠看像是堡壘般聳然矗立在平緩的中部地景，見證糧產豐庶。

戰後，農倉由彰化市農會接收使用，二〇〇〇年左右，因農業倉儲大都以堆高機作業，拆除碾米機房以增建新倉庫，後因不敷使用終至閒置。歷年由不同政府單位委託學術機構進行調查研究，彰化農倉的文化資產價值獲得專家學者的高度評價，認為是兼具機能與美學，並見證臺灣農業發展史的重要證據，但文化主管機關卻遲遲未給予文化資產身分保障。農會原本計畫於二〇一五年拆除穀倉，新建推廣農產品的「觀光工廠」，但卻忽略農倉本身即可與鄰近的彰化鐵道扇形車庫與鐵道宿舍群串連活化，是最具觀光價值的寶藏。

地方民眾為保存農倉，同年向彰化縣文化局提報文化資產審查，二〇一六年文資審議委員會議決議列冊追蹤，農會卻加速拆除彰化農倉近半，遭民眾發現阻擋，進而引起公民團體關注並發起搶救行動，後文化局再啟動審查程序列為暫定古蹟，再指定為縣定古蹟，但目前這座全臺僅存的新式農倉，殘構仍在未受妥善保護的情形下，承受日曬風雨侵襲的挑戰，前途未卜。

10 見證日本時代開始與結束的鐵道沿線廠房

臺北工場汽車修理工場

清代劉銘傳在臺北推行洋務運動，將臺北車站設置於今日鄭州路臺北市聯合醫院中興院區的位置，做為洋務運動階段性成果及全臺鐵路事業之起點。從選址到建築構造皆以機能考量為優先，與莫內名畫中的巴黎聖拉查車站相似的棚式構造，深具工業革命的時代象徵。

十多年後，臺灣進入日本時代，由野村一郎所設計、新建的新臺北停車場，移至今忠孝西路館前路口，即當時臺北城的北側城牆外。位於中興院區的清代車站原址，則於一九〇一年改為臺北工場橋桁製作場，進行鐵桁組立與修理業務，也提供大阪汽車合資株式會社廠房使用。直到一九三六年，土地無償撥給赤十字醫院新建院舍。

一九〇九年，因應鐵路縱貫線通車，臺北工場由於不敷使用而開始擴建，拆卸清代遺留的車站站體的鐵軌桁架，並再利用為屋頂，分別新建磚造的汽車修理工場與塗工場。日本時代初期，鐵道工場以車輛組裝、保養與修理為主要業務，還可接受民間會社機械製造與修理的訂單，是臺灣早期極少數的工業重心，可說是當時的科技園區。

汽車修理工場在原本圓弧山牆後方設有太子樓屋頂，是廠房運作時通風換氣的氣窗；東西兩側各六座拱門，則是供做車輛進出廠維修的六股軌道使用。一九三九年，臺北工場完全遷往松山後，北門外的鐵道機構區域，成為純粹行政及住宿機能，汽車修理工場轉用為禮堂，開啟建築的新生命。

汽車修理工場原本前後皆有完整的建築表情，南北各有塔樓與山牆，改為禮堂後，拆除朝向鐵路局的南向立面切角屋頂與木造玄關，改建為一座古典三角山牆的弧拱門廊，並拆除太子樓與圓弧山牆改為三角山牆，整體造型仍典雅大方。在鐵路地下化後，為了建造市民大道、拓寬馬路，北側塔樓與兩座拱門的開間遭到拆除，形成一座斷尾建築。

捷運松山線路線劃定後，禮堂位於地下路線通過的上方，捷運局為了施工需要而向臺鐵購買用地，預定拆除老禮堂。但當時經過鐵道研究者等專家學者請命，認為這座建築乘載許多老臺鐵人各種局內活動的共同記憶，捷運局遂同意先進行調查及記錄。結果將地板解體後，不但在露出的地面上發現了原本放置修車鐵軌、由卵石與混凝土構成的道床地坪，其建築的屋架經考證屬於第一代大稻埕臺北車站的鋼構桁

臺北工場汽車修理工場，可說是臺灣早期的科技園區。

架，是清代劉銘傳在推行洋務運動時，自歐洲購入廢棄鐵軌焊組而成。由於塗工場早於一九八〇年代即被拆除，這座禮堂從建材到建築本身，可說是整個鐵路局內唯一橫跨歐洲工業革命、清代洋務運動、日本明治維新及中華民國接收臺灣的超時空建築，比鐵道部廳舍還更能見證北門外豐富的地貌變遷。

最後在相關單位評估下，於二〇〇六年開工暫時挪移約三十公尺，待捷運施工完成移回原址保存。原本文化主管機關及鐵道界人士和捷運局商議，既然旁邊設有捷運出口，何不把其中一個出口設於臺北工場內，讓乘客一出站即可抬頭看到清代屋架與日本時代磚牆。但捷運局並未採納這個意見，喪失一個新舊產業設施融合對話的機會。後來捷運完工，卻因為地下站體及新設地下街出口改變了地面高程，臺北工場因此再也回不到原本的座標點，於二〇一二年回推至相近地點。後來鐵道部園區內數棟建築因為見證產業發展的珍貴歷史價值被全區提升為國定古蹟時，同在廠區內的臺北工場禮堂卻因位移而失去了成為國定古蹟的機會，僅被指定為市定古蹟保存，且因複雜的產權問題，至今尚未開始修復。

國產軟木工業株式會社

同樣在臺北鐵道沿線的國產軟木工業株式會社，位於城市另一端的南港，在當時隸屬於臺北州七星郡內湖庄內，為日本時代的民營公司，一九四三年由臺灣酒壜統制會社與日本水產株式會社共同出資成立。創辦人宇坪敏男為福井縣人，畢業於明治大學商學部，配合南進政策至印尼雅加達尋找機會，後至臺灣總督府專賣局任職，再憑藉商學背景及南洋經驗設立國產軟木工業株式會社，以樹皮為原料生產軟木栓、軟木片、軟木板等軍需用品，反映時代需求與個人經歷的結合。

戰後，國產軟木工業由臺灣省專賣局接管並改名為木栓工廠，一九五八年再度更名臺灣省菸酒公賣局瓶蓋工廠，供應公賣局所屬十四家酒廠酒類包裝所需的各種瓶蓋、軟木栓等產品。宇坪敏男一九四六年舉家遷回福井後，成立經銷花卉植栽的北陸綠化株式會社，仍時常來臺協助指導瓶蓋工廠的生產運行。二〇〇四年，南港瓶蓋工廠結束營運。

從日本時代晚期到戰後，南港因長期做為工業區、工廠煙囪林立，而被稱為「黑鄉」，馬英九至郝龍斌市長任內，為配合北部流行音樂中心案而進行大規模的「南港第三期市地重劃」，並納入陳水扁市長時期提出的東區門戶計畫。二〇一五年，由於文化資產觀念逐漸改變的社會氛圍，促使文化局將計畫中預定拆除的六棟廠房登錄為歷史建築，其餘廠房仍將依計畫標售、開發為住辦大樓，並開闢連接商場的道路用地。但民間保存團體的訴求希望保留全區近二十棟完整見證發展脈絡的廠房及老樹，打造為青創基地及黑鄉文化園區。

這六棟歷史建築中的辦公廳落成於一九四三年，為單層磚構造，屋架為木桁架，但在外觀覆以水泥模仿鋼筋混凝土的構造質感，南面設置遮陽與遮雨外廊，具有戰爭時期因鋼筋混凝土管制造成物資缺乏的應變措施，以及反映氣候環境需求的珍貴時代與區域意義。戰後，新行政大樓落成後，舊辦公廳曾改為食堂、倉庫，並於一九六〇年代以同樣的風格向東擴建，於原磚牆內新建水泥柱加強結構，是同一棟建築的跨時代續建，增建部分與舊辦公廳可被視為一體；而舊辦公廳也是廠內僅存的三棟日本時代建築之一，卻因預計開闢忠孝東路連接東明街的十米都市計畫道路面臨異地保存。然而這條計畫道路是否必要，仍有許多可以深入討論或選擇替代方案的餘地。

在部分廠房公告為歷史建築的同年，柯文哲市長曾經承諾全區保留、林欽榮副市長承諾邀請公民團體參與施工計畫審查，但是包括舊辦公廳在內數棟位於計畫道路上的工廠建築，仍遭到臺北市政府地政局土地開發總隊連夜強行拆除。如前所述，即便是具有法定歷史

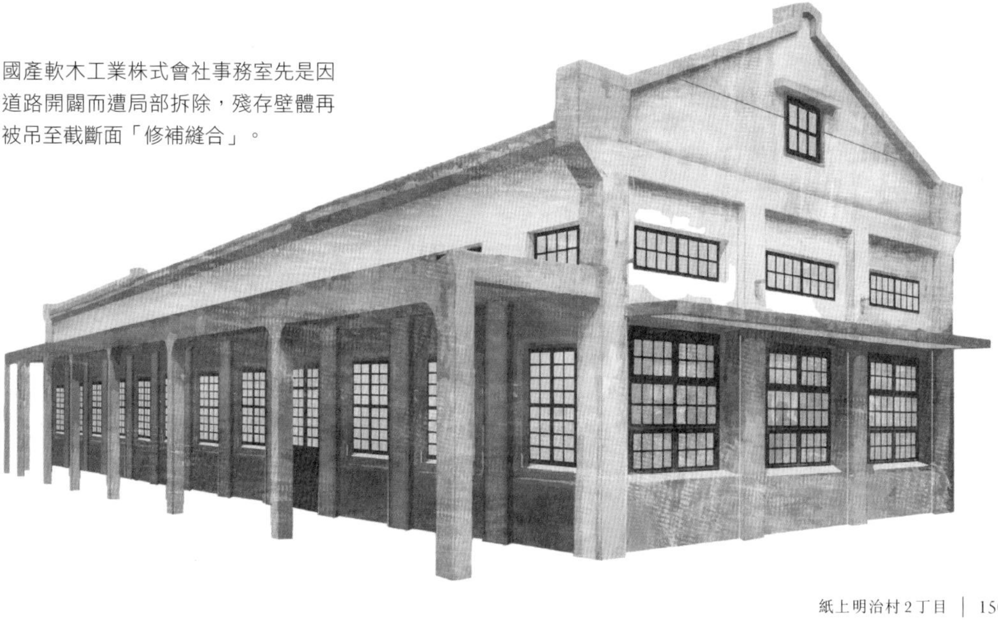

國產軟木工業株式會社事務室先是因道路開闢而遭局部拆除，殘存壁體再被吊至截斷面「修補縫合」。

建築身分的文化資產也缺乏絕對的保障，南港瓶蓋工廠未來的空間變遷仍值得持續關注，也是對於首都城市發展價值觀選擇的的考驗。

11 臺灣頭的長期發展計畫

交通類型的土木設施，也是各時代產業遺產的重點項目，除了前述的橋梁外，包括道路、鐵路、車站、機場及港口等交通工具皆屬之。日本時代，航運仍是臺灣對外的主要交通方式，當時的世界也正處於海權興盛的時代，環繞島嶼的各處港口城市，自然是重點建設標的。

基隆港第二棧橋四號上屋事務所、基隆港西二西三碼頭

港口是一個組成複雜的複合式設施群，包括碼頭、防波堤、護岸、卸貨砌石牆、棧橋、起重機、倉庫、運輸鐵道，乃至於沿港商家店鋪建築等等，皆屬於緊密關聯的建設群體。其中也有如第二棧橋四號上屋事務所一般，等同港區門面，以具有辰野式帶飾的歷史主義樣式精心打造的作品。上屋又稱通棧，做為貨物二至三日短期儲存的臨時倉庫，緊鄰處理倉儲事務的事務所。

基隆港西岸碼頭倉庫完工於一九三四年，屬於日本時代五階段築港工事中的第三階段「港市擴張時期」，同時興建的還有海港大樓、市街中的公共住宅及公園等。當時基隆港的貿易額高佔全臺的一半，市區人口急速擴張，倉儲空間的需求也增加，又因為重要的戰略地位而由軍方主導築港工事，屬於要塞城市。無論是日本時代各家郵船、商船出入，迎接皇族來訪，或是戰後國府接收乃至軍民撤移，基隆港皆是出入北臺灣的重要門戶，也因此發生了許多著名的歷史事件。

如日本時代裕仁行啟、嘉農棒球隊前往甲子園比賽、戰後日僑及灣生「引揚」歸國、國府時代二二八事件後國民黨軍二十一師來臺增援鎮壓、國共內戰失利後搭乘包括太平輪等船隻抵臺的中華民國政府軍民、韓戰被俘後來臺的中國志願軍及大陳島軍民撤遷，以及近至數十年來役男從臺灣前往馬祖服役等等，這些事件中，基隆港都是不可或缺的場景，深具見證臺灣近代命運的獨特歷史意義。

基隆港的眾多建設，歷經時序推移而持續增築改建，日本時代的遺構至今僅存西二、西三碼頭倉庫及連接空橋。西二碼頭倉庫興建於一九三二年、西三碼頭倉庫興建於一九三四年，以每支相距七公分的

基隆港第二棧橋四號上屋事務所，辰野式的紅白橫條帶飾的歷史主義樣式。

鉚釘構接鋼梁，具有二十世紀初的工業構築特色。二〇一四年，基隆港務分公司決議拆除西三倉庫並改建成海運客務中心與海港大樓，市政府也通過《都市更新條例》配合辦理，引起在地居民及文史團體的強烈抗議，於立法院召開記者會要求重啟文化資產審議。

最初，基隆市文化資產審議委員會有條件通過拆除案，僅西三倉庫保留鋼梁構件，置於日後新廈採取意象式保存，但仍不被訴求保存的民間團體接受。二〇一五年，基隆市政府終於通過完整保存西二、西三碼頭倉庫的提案，此為公民團體發揮力量、改變政策的案例，也促使公部門積極面對新舊並存的規劃手法，達到各方皆能接受的結果，可說是保存觀念的一大進展，為土木設施的保存歷程，樹立了一個可供參照的正面範例。

12 深入大城小鎮的公路運輸

戰前由鐵路主導臺灣島內運輸的時代，在戰後因公路興起、車輛普及，而有了革命性的轉變。原本在戰前僅輔助鐵路，做為短程運輸的公路客運，逐漸反轉地位，成為長程連結的運輸主力。隨著越來越多流線型的新穎車輛，遍及全島日漸發達的公路網絡，各城鎮也逐漸出現越來越多充滿流線動感、來自美國的客運站，有別於日本時代形象穩固的火車站。

基隆港西二、西三碼頭，利用將同間距的鉚釘構接鋼梁，帶有二十世紀初工業建築特色。

臺北公路西站、臺中客運站、嘉義公車票亭

一九五〇年，臺灣省公路局開始承辦全省運輸的服務。一九五四年，交通部公路總局在臺北車站西側興建臺北汽車客運總站，量體為南北縱向長方體，設置加油站、塔臺般的辦公室、二樓的司機休息室與候車大廳，一氣呵成，並具備立面長形連續窗簷，候車亭屋頂以細柱序列支撐強化水平意象、水平板型遮陽板等鮮明美援建築風格，像是一艘待啟程的大船。線條流暢的美國GMC車體，以及宛如地面空服員一般光榮驕傲的車掌小姐，與摩登的車站相互輝映。爾後因疏散車流的臺汽北站啟用，總站更名為西站。一九六四年，臺汽西站發生大火，調度室、駕駛員室、車掌室、材料保管室、車輛檢修班、福利社、國民黨公路黨部第二文化工作隊、公路警察隊宿舍等設施被燒毀，並因

臺北公路西站，整體設計現代又摩登，帶有美式建築風格。

檢修班內儲存機油及輪胎而加劇火勢。消防隊出動包括民航局臺北航空站內的兩輛泡沫消防車在內，共四十餘輛消防車次的調度才將火勢撲滅。兩年後修復增建可供更多車輛停靠的扇形停車彎，並因應突出的扇形構造，南側立面增建六個連續弧形屋頂。一九八三年，大雨造成力霸鋼架構造的屋頂倒塌，次年重建扇形停車彎。

一九九二年要求總統直選的四一九事件，民主進步黨舉行數萬人遊行，夜宿售票大廳。前衛的站體也滿載民主化過程的社會集體記憶。但這座見證臺灣客運交通史與民主運動史的獨特建築，卻仍於二〇一六年柯文哲市長任內，配合臺北市政府西區門戶計畫遭拆除。非常諷刺的是，臺汽西站原址除了改為臺北行旅廣場，新闢市營公車彎之外，原有可用的車站遭全數拆除，僅新建有單薄棚架的候車亭。國光客運的路線則是調動四散至各處，司機休憩需求也未被顧及，僅成就了門戶計畫的新氣象，卻缺乏新舊共生對話的精神，實在不是高明的規劃。

與臺北總站落成時間相近，同為一九五〇年代建築的公路局臺中客運站，也同樣位於火車站旁，銜接鐵路運輸，是臺中公路客運的起點。日本時代，客運站原址即為市營巴士站，戰後新建第二代的站體，內部列柱為特別的倒柱，類似美國建築師萊特在詹森總部（Johnson Wax Headquarters）運用的手法，表現戰後前衛的設計理念，但連接柱體的候車椅，又是充滿臺灣特色的磨石子面材。此外，臺中客運站甚至比臺北更早興建扇形候車彎，共有七個車道。但二〇一六年，因應臺中市區鐵路高架化，火車站前廣場進行整體改造規劃，同樣缺乏保存視野，未能將這個見證歷史的站體轉化為史料展示室或旅客服務中心，而選擇一拆了事、最便宜行事的空間改造手法。

竣工於一九六一年的嘉義縣營公車票亭，離保存活化僅一步之遙，令人惋惜。此站同樣位於轉運鐵路的嘉義車站旁，僅兩層的小型量體，採用四根圓柱與弧形的結構牆體，一樓挑高做為候車空間，二樓為休息室，立面的連排水平開窗，可見戰後建築師深受現代主義影響的設計意念。更令人感到驚奇的是，在這樣摩登的外表下，牆體構造竟然是採用日本時代的木板條灰泥牆工法，顯示營造技術跨越時代的延續。

二〇一六年，嘉義市政府規劃站前廣場改造，預計拆除票亭，並引用《文資法》說明其無保存價值，引發民間對規劃方案及決策程序不

臺中車站與臺中客運站，內部列柱採特別的倒柱，柱體連接候車椅的設計。

當的討論。訴求保存的民眾，自發在票亭辦理短講、彩繪、攝影等活動，喚起市民對於在此候車、送往迎來的共同記憶，並喊出「關注生活中的二十世紀建築遺產」的口號，輿論匯聚曾讓官方感到壓力。

但二〇一七年時，文化局再度臨時啟動不公開行程的突襲現勘。該次的文資審議會勘，除了有文化局聘請的審議委員質疑民眾，在非常急迫情形下提交的文化資產提報表格「不夠具備學術專業」，還有委員「諄諄告誡」前來現場關心、訴求保存的民眾：「你知道嘉義多少廟宇的文物、道具、門神、儀式，文化局都還沒有經費進行普查清理嗎？」言下之意是：政府資源短缺，哪裡輪得到這樣的戰後建築保存？然而，文資保存的討論有一個切入點在於，我們究竟需不需要透過定著於土地的文化資產，認識自己融

嘉義公車票亭，兩層樓的小型建築物，採用現代主義的設計意念。

合各時代的豐富文化與複雜歷史？或者只要保存、典藏於博物館的溫濕控管，並且有反映多數的漢人傳統文化的古物就足夠了？

地方政府的文化經費短缺，是首長缺乏視野所致，不是民眾的責任，不應該成為限縮保存與保護的託辭。這些建築見證的不只是裝飾藝術、水平流線或國際樣式等，這些建築學者才會在乎的現代建築風格語彙，而且是戰後經濟起飛，交通運輸從鐵路主掌大局到公路崛起並行的集體記憶。審查標準僵化的文資委員和缺乏規劃想像的政府各單位，長久以來看不出這些建築的價值，令人沮喪。我們可以繼續畫地自限，依循三十多年前《文資法》頒布時的指定標準（現在許多轉戰各縣市的文資委員，當年也是四處疾呼搶救的「文化恐怖份子」，但經過三十多年，許多人對於古蹟的標準卻仍然停留在當時），或者留下更多元的文化資產，告訴後人這座移民島嶼的身世並不單一。然而票亭最終仍然在官方意志先決、文資委員背書不具保存價值的情形下遭到拆除。

13 亟待宣傳推廣的現代化遺跡保存

目前臺灣的《文資法》，尚無針對工業遺產提供保護的專章，而是將其納入一般建築資產的保存。但工業遺產的空間形態自成一格，從建築面積、格局配置到產業鏈結的規模，皆與一般文化資產大異其趣，所面臨的保存挑戰、活化再利用的問題也不盡相同。

例如，因為政策開發走向，導致不肖地產商與投機炒作者亟欲取得土地時，臺灣閒置老屋便常出現莫名的「火燒屋」現象，相較之下，就不常發生在工業遺產之上。「鬼火自燃」的情形比較少出現在產業遺產保存的案例，一來是因建築類型不同，工廠通常不像木屋住宅可以一把火燒完，二來是土地再開發的目的與手法不同，工業遺產通常占地廣大，比較常透過產權移轉或徵收等方式更新利用。但相反地，工業遺產所面臨的開發壓力，也遠大於單點獨棟的古蹟及歷史建築，若僅以審查建築的眼光及價值去評判資產標準，難以達到有效的保護及再利用。

如基隆西二、西三碼頭，除了有提供船隻停靠的碼頭岸壁，過去也有連結鐵路主線的支線，將航運與路運無縫接軌。但如今支線已經荒廢，獨存的碼頭難以講述完整的交通運輸故事，殊為可惜。同樣在基隆，還有一座「號誌樓」，是蒸氣機關車時期透過閘柄操控轉轍器、讓鐵軌轉向並調整列車行進路線的轉轍站。雖然設施本身已被指定為文化資產，但主事者臺灣鐵路管理局不了解其資產完整性的價值和脈絡，竟欲將閘柄等金屬機具拆卸變賣，僅保留號誌樓的建築構造，便認為已經盡到保護文化資產的責任。

另外，曾經主管臺灣鐵路所有列車修繕的臺北機廠，在遷廠後的原址還保留許多具有珍貴價值，卻未被臺鐵妥善保存。在全區文史調查仍在進行中，文物評估及清冊都未建置齊備時，許多器械就在文化局所主辦的藝術節活動中，被藝術家當作廢棄無用、預備丟棄的物件而用於創作，且在沒有編號紀錄的情況下被搬離原位、拆解及重新塗裝，失去物件與廠區脈絡的關聯性。此亦為文資法令尚不週全，缺乏整體文化價值脈絡的考量，尚未普遍建立同等對待工業遺產的生產器具與廠方空間的觀念所致。

近十年來，在探訪廢墟風氣興盛之下，民間開始關注這類工業遺產與其他類似空間，同時也對政府有所期許。文化相關單位面對這些幾乎被掏空內涵的工業遺產，一方面尋找其廠房空間再利用的可能性，在其中填充近年拜文創政策與風潮之賜而流行的新式產品，另一方面也日漸積極審視是否還有仍在運作使用中，或已閒置但未被妥善保存的工業遺產，希望能亡羊補牢，跟上已開發國家的文化資產保存觀念與作為。

註釋

第一章　中央官廳

1 林提灶（一八九三－一九七一）字尚志，臺北人。臺灣總督府工業講習所建築科畢業，任職高石組、矢部組等營造廠，創協志商號，曾承包總督府電話交換局、臺北市役所。後投入重機械領域，成立大同鐵工廠，為大同公司前身。

2 朱石頭（一九〇三－一九五一），臺北人，筆名朱點人，漢文白話文作家，老松公學校畢業，臺北醫學專門學校雇員。一九三三年組織臺灣文藝協會，發行刊物《先發部隊》，後改名《第一線》。戰後加入臺灣共產黨，一九四九年被捕，一九五一年遭槍決。

3 馬薩（François Mansart, 1598-1666）：巴黎人，出身工程師家庭，路易十三時代法國巴洛克時期代表建築師，長期服務於貴族，專長為城堡、宮殿設計，追求古典建築的高貴莊嚴。著名作品有羅亞爾布盧瓦城堡修建、古尼高公館、卡納瓦雷博物館修建。

4 奧斯曼（Baron Georges-Eugène Haussmann, 1809-1891）：巴黎人，畢業於康多賽中學法律科、巴黎音樂學院。曾任洛特-加龍省內拉克區長、塞納省省長，主導巴黎重建，規劃林蔭大道，任內重要建設有里昂車站、巴黎北站、巴黎歌劇院、蒙梭公園、盧森堡公園、布洛涅森林。

5 酒井祐之助（一八七四－一九三五）：長野人，畢業於築地工手學校建築科、賓州大學建築系，曾任職日本銀行、東洋水泥株式會社、三井物產，關東大地震後成立酒井混凝土公司。重要作品為一九一一年與遠藤於菟合作設計的三井物產橫浜支店，是日本本土第一棟全棟鋼筋混凝土建築。

6 臺灣彩票事件：臺灣彩票於法不能在日本內地販售，一九〇七年二月九日大阪府廳第四部豐田警部，指揮警方於北區堂島米穀交易所查獲第一起私賣臺灣彩票案，逮捕嫌犯三木啟次，經調查後從當晚到隔日警方共逮捕了八名違法交易者，牽連的關係人有三井銀行員與大阪市內知名紳商一千多人，經大阪區裁判所審理，判處三木禁錮一個月併科罰金五圓，沒收五十一張彩票，緩刑二年，同時判處七名買家有罪，禁錮二十日併科罰金四圓，緩刑二年。此案引起社會辯論，法界認為依法行政，學界則認為法令過時應予修改，首倡發行彩票的後藤新平也批評檢方執法過當，僅為彩票問題就侵入家宅搜索。經過協調，得出若臺灣總督府停止發行彩票便不起訴嫌犯的共識，最後於一九〇七年三月二十日中止發行彩票。

7 松木幹一郎（一八七二－一九三九）：愛媛西條人，東京帝国大學法科大學法學科畢業，曾任通信局郵務課長、鐵道運輸部庶務課長、鐵道院理事、東京市電氣局局長、帝都復興院副總裁、臺灣電力株式會社社長、日本鋁業董事、社團法人臺灣工業協會理事長。

8 科林斯式柱（Corinthian order）：希臘三種柱式之一，發明於西元前四世紀，比例纖細，柱頭造型來自莨苕（Acanthus）葉置於花籃中，伸出渦卷支撐線盤頂，裝飾性強，時常用於強調宣揚權勢的建築。

9 高而潘（一九二八－）：出生於臺北市，畢業於省立工學院建築工程系（今成功大學建築系），曾代表中華民國參加世界設計會議，並任教於淡江、文化大學，曾任建築師公會理事長。重要作品包括臺北市議會、大理街中國時報大樓、臺北醫學院學生活動中心、臺北市立美術館、臺北縣立文化中心等公共建築，以及電信、醫療、工廠、商辦、住宅等各種建築類型，作品豐富，是臺灣當代建築界重要的建築師。

第二章　地方廳舍

1 田健治郎（一八五五－一九三〇）：日本兵庫縣丹波人，歷任神奈川及琦玉縣警部長、通信局長、遞信省書記官、臺灣事務局交通委員、眾議院與貴族院議員、遞信大臣、臺灣總督。治臺方針為內地延長主義、改革地方制度及地名，任用八田與一修築嘉南大圳，成立中央研究所、設評議會、促成東宮行啟。返日任農商務大臣兼司法大臣、樞密顧問官。

2 入母屋造（いりもやづくり）：東亞傳統建築常見屋頂形式，中國稱為歇山頂，為上下部位以兩種形式組合而成的屋頂形式，包含正脊在內具有九條屋脊。

3 蔡年亨（一八八九－一九四四）：清水鎮鰲峰裏人，人稱七舍，蔡泉成商號後代。臺灣總督府國語學校畢業後擔任教職，一九一〇年開始從事大甲帽蓆貿易，被推為清水帽蓆同業組合長、臺灣帽蓆同業組合副會長、總督府殖產局囑託、清水街協議會員、清水信用組合專務理事等職。一九三三年任清水街第三任街長，一九三七年任臺灣都市計劃臨時委員，一九四一年任臺中州稅務課所轄郡部所得調查委員。社會運動方面，曾參加臺灣議會期成同盟會、臺灣文化協會、臺灣民眾黨、《臺灣民報》董事，曾因治警事件被拘留數月並被判罰金一百圓。

4 車寄：日本建築的主要入口外、有頂遮蔽的區域，可供人上下車輛，頂上多建為露臺。原為平安時代貴族住宅正門外上下轎輿之處，中世紀末武士家的書院建築也開始採用此設計，因而普及至民間。

第三章　醫院

1 森鷗外（一八六二－一九二二）：島根縣人，本名森林太郎，號鷗外，別號觀潮樓主人、鷗外漁史。畢業於東京帝國大學醫學部，陸軍省派遣留學德國，返日任陸軍省醫務局長、陸軍軍醫總監、陸軍軍醫學校校長。也是小說家與評論家，為與夏目漱石齊名的文豪，著名作品為《舞姬》。

2 爸爾登（William Kinnimond Burton, 1856-1899）：蘇格蘭愛丁堡人，畢業於愛丁堡工業專門學校，入布朗兄弟事務所，從事土木工程建設，後自行開設事務所。為倫敦衛生保護協會技師，大英帝國衛生研究所終身會員。獲聘至日本內務省擔任衛生局顧問技師、帝國大學工科大學衛生工學教師、總督府衛生工程顧問技師。

3 台度：dado paneling 音譯，牆面從地板以上至大約腰線高度裝飾面層，具保護牆體灰泥及防水作用。

4 馬偕（George Leslie Macay, 1844-1901）：加拿大安大略省人，多倫多師範學校畢業後任小學教員。之後就讀多倫多大學諾士神學院、美國普林斯頓神學院、英國愛丁堡大學神學院。來臺至淡水宣教，於淡水、五股、蘆洲、蘇澳、花蓮等地建教會，於淡水建牛津學堂，行醫講學傳教。曾獲加拿大皇后學院贈榮譽神學博士學位。

5 林清月（一八八三—一九六〇）筆名林怒濤、林不老、訴心難，臺南人。畢業於國語傳習所、臺灣總督府醫學校，歷任總督府臺南醫院、赤十字醫院與臺北醫院醫師、臺灣總督府地方病調查委員、戰後第一屆醫師公會理事長等。曾至中國考察鴉片，自創「海那散」協助癮者減低戒除過程痛苦，著有《地球上阿片之命運》。戰後曾任臺灣歌人協會理事、臺灣省文化協進會設歌謠委員，出版《仿詞體之流行歌》、《歌謠集粹》。

6 杜聰明（一八九三—一九八六）：三芝人，畢業於滬尾公學校、臺灣總督府醫學校，獲京都帝國大學醫學博士學位，任京大醫學專門學校教授、臺北帝國大學醫學部教授，主持藥理學研究室，出版《藥理學概要》。戰後創辦高雄醫學院（今高雄醫學大學），歷任臺灣醫學會會長、臺大醫學院院長、臺灣科學振興會理事長、國民參政會參政員。

7 張文伴（一八九八—？）：瑞芳人，臺北醫學專門學校畢業，任職臺北醫院婦產科與赤十字社臺灣支部醫院婦產科醫師、總督府助產婦講習所講師、蓬萊產婆講習所所長、蓬萊婦產科醫院院長。

8 陳純精（一八七八—一九四四）：宜蘭人，畢業於國語傳習所，任職宜蘭地方法院、宜蘭廳，羅東區街庄長、區長、臺北州協議會員。獲授紳章。創立羅東信用組合，設置營林所羅東出張所，為太平山林場墊基，帶動羅東工商發展；籌設自來水廠、引介三井集團王子製紙進駐宜蘭。

9 曾文貴（一八九六—一九七四）：臺南鹽水人，總督府醫學校畢業、東京醫學專門學校進修，一九二八年成立文貴醫院，包辦內外科、眼科、小兒科。一九四六年當選下營第一屆鄉民代表，續任第二至六屆鄉代會主席，一九六六年參與中國國民黨聯合服務臺南縣巡迴醫療隊，一九七一年醫院歇業，地方上稱「文貴仙」，流傳「病了若看文貴仙，病就好三分。」顯示對其敬重。

10 荷蘭式鐵剪刀：又稱壁鎖，加強垂直向疊砌磚牆與水平向木材橫梁組構強度的鐵製聯繫構件，有S形、T形、I形、剪刀形等造型，為荷蘭人因應臺灣多地震環境，抵抗側向破壞力而引入的歐洲建築工法，在臺灣延伸出辟邪意涵，將近九成案例出現於臺南。

第四章　宗教建築

1 兒玉源太郎（一八五二—一九〇六）：日本山口縣周南人，年少從軍，參與箱館戰爭、西南戰爭、日俄戰爭。曾任臺灣總督、陸軍參謀總長、內閣陸軍大臣、軍務大臣、文部大臣、南滿洲鐵道創立委員長。獲頒功一級金鵄勳章與勳一等旭日桐花大綬章，死後贈封伯爵。

2 大谷光瑞（一八七六—一九四八）：法號鏡如，繼承其父為淨土真宗本願寺第二十二代當家，妻子為大正天皇皇后九条節子之姊九条籌子。多次率隊至印度、新疆探險，致力海外傳教，推動教團的現代化。為英國皇家地理學會成員。一九三九年於高雄建造別墅「逍遙園」，二〇一〇年公告為歷史建築。

3 丸井圭治郎（一八七〇—一九三四）：日本三重縣人，畢業於駒澤大學，南瀛佛教會創教成員，來臺從事宗教研究，歷任警察本署保安課、理蕃課、學務部編修課、公學校教科書委員、官國幣社神職委員、社司社掌試驗委員、內務局社寺課課長。曾編纂《臺灣宗教調查報告書》。

4 平入（ひらいり）：屋脊與正面平行的屋頂。

5 妻入（つまいり）：屋脊與正面垂直的屋頂。

6 庫裡（くり）：寺院僧侶的居所、食堂、辦公室及倉庫，相較於本堂大殿，通常為民居形式且不開放信眾入內。

7 席德進（一九二三—一九八一）：中國四川人，畢業於成都技藝專科學校、沙坪壩國立藝術專科學校。戰後來臺任教嘉義中學、臺灣師範大學。曾獲教育部頒贈榮譽獎章，為戰後臺灣重要畫家。

8 社格（しゃかく）：源自飛鳥時代的日本神社格式，因祭政一致由朝廷所定。近代社格制度於一八七一年公布，確立神道為日本國教地位並劃分神社等級，戰後由盟軍總司令部（GHQ）廢止。近代社格制度順序如下：神宮（即伊勢神宮，社格制度外的最高等級）、官幣大社、國幣大社、官幣中社、國幣中社、官幣小社、國幣小社、別格官幣社、府縣藩社、鄉社、村社、無格社等。臺灣神社屬於官幣大社。

9 武田五一（一八七二—一九三八）：日本廣島縣福山人，畢業於東京帝國大學工學院建築系，曾獲文部省派至歐洲留學，得博士學位。返日任京都高等工藝學校、大藏省臨時建築部技師、法隆寺壁畫保存法調委員、名古屋高等工業學校校長、京都帝國大學建築系教授，被譽為「關西建築界之父」。

10 神明造（しんめいづくり）：源於西元前三世紀的彌生時代，日本最古老的神社建築樣式。屋頂為切妻造，入口為從屋簷方向進入的平入式，屋脊角落置交叉的千木，屋脊上平置鰹木，兩側中柱稱為棟持柱。是臺灣神社大量使用的樣式。

11 除靖國神社以外所有神社皆由內務省管理。

12 指定護國神社：一九三九年起由內務大臣對無社格之護國神社進行官方認定，為展現因應戰爭需求的國家態度，稱為指定護國神社，至終戰前包含樺太及朝鮮在內，日本全國有五十一座。

13 抬梁式：最早出現於中國秦代，柱上架梁、梁短柱又架小梁，層疊形成三角形空間與斜屋頂的架構系統。

14 帆拱（Pendentive）：由羅馬人發明於二世紀，由四個拱圈撐起穹頂的圓形鼓座，在拱圈與鼓座之間構成的弧三角形區域，因形似船帆而得名。

15 攢尖頂：東方傳統建築的一種凹曲面錐形屋頂樣式，日文稱寶形造，頂部集中的一點稱為「寶頂」，垂脊數量隨平面造型增減，也有無脊的圓形攢尖頂，常用於亭、閣和塔等獨立構造。

16 里脇淺次郎（一九〇四—一九九六）：日本長崎人，畢業於長崎公教神學校哲學科，羅馬宗座傳信大學博士課程結業，留學美國天主教大學。掌長崎大浦教會，曾任臺灣監牧區監牧、鹿兒島教區主教、長崎神學校校長、長崎總教區總主教、日本主教團團長、司鐸級樞機。

第五章　學校

1 近藤兵太郎（一八八八—一九六六）：日本愛媛松山人，畢業於愛媛縣立松山商業學校、早稻田大學。曾任松山商棒球部總教練、嘉義農林學校野球部教練。帶領嘉農參加全國中等學校優勝野球大會晉級至總決賽。戰後返日，於新田高等學校、愛媛大學擔任教練。

2 一九四一年時，北一中臺籍學生比例為百分之二・七、北二中為百分之七十二・九、北三中為百分之十一・五。

3 石川欽一郎（一八七一—一九四五）：日本靜岡縣人，別號一廬，畢業於靜岡縣立中學校、東京電信學校，曾向小代為重、川村清雄習畫。曾任大藏省印刷局、滿州軍總司令部新聞雜誌通訊員、臺灣總督府陸軍部幕僚通譯官、臺北中學校囑託、臺北師範學校圖畫科教師，文章散見《臺灣日日新報》、《臺灣時報》、《臺灣教育》。曾出版《最新水彩畫法》、《課外習畫帖》。

4 小使室（こづかいしつ）：駐校勤務工友休息室。

第六章　土木設施

1 殖產興業（しょくさんこうぎょう）：是明治政府為抵抗西洋列強所提出的政策，包括機械化軍工業、建立鐵道網、廣辦博覽會、以國家名義開發自然資源同時進行保育等。以政策為工具加速積累國庫資本，並以資本主義推動國家近代化，促成了三井與三菱等受政策保護的財閥壯大。制定政策的核心人物為著有三十卷《興業意見》的貴族院議員前田正名。

2 周添旺（一九一〇—一九八八）：臺北人，曾任古倫美亞唱片公司文藝部部長，與鄧雨賢合作歌曲〈雨夜花〉，與楊三郎合作〈孤戀花〉、〈秋風夜雨〉。另有著名作品〈黃昏嶺〉、〈西北雨〉。

3 戴潮春事件：一八六二—一八六五年間，臺灣清代歷時最久的民變，因官府鎮壓天地會開始，影響範圍北至大甲、南至嘉義，起事者為戴潮春、林日成、洪欉等原官僚與地主。政府軍指揮官包括丁曰健、林文察、林占梅。由於清廷當時正與太平軍交戰，因此大量依靠霧峰林家等地方勢力協助對抗，事件後霧峰林家因功獲得大量田產與福建全省樟腦專賣權，奠定家族基業。

4 歷史建築：二〇〇〇年起成為《文化資產保存法》有形文化資產項目之一，指「歷史事件所定著或具有歷史性、地方性、特殊性之文化、藝術價值，應予保存之建造物及附屬設施」。最初為因應九二一地震設立的獎勵性法條，由文建會為主管機關，後改由地方政府主管，歷經暫定古蹟、次級古蹟等實質內涵，長期以來因缺乏實質保障而為人詬病，二〇一六年起修訂文資法始有因應破壞行為的保護性罰鍰。

5 寄棟造（よせむねづくり）：傳統屋頂形式之一，中國稱為廡殿頂，由一條正脊和四條垂脊共五脊組成，形成四向斜坡面。

6 切妻造（きりづまづくり）：傳統屋頂形式之一，中國稱為懸山頂，由一條正脊垂下兩斜面構成的雙向斜坡面屋頂。

7 磯永吉（一八八六—一九七二）：廣島福山人，畢業於東北帝國大學，臺北帝國大學博士，歷任總督府農業試驗場技手、臺中州農事試驗場米質改良農務技師、總督府中央研究所農業部種藝科長兼殖產局農務課技師、臺灣總督府農事試驗所所長兼臺北帝國大學教授、山口縣專門委員、山口大學教授，著有《亞熱帶地區水稻與輪作物》。

參考資料及延伸閱讀

第一章　中央官廳

黃俊銘，《日據時期臺灣文化資產研究與保存文獻彙編：以史蹟名勝天然紀念物相關文獻為主》，行政院文建會，一九九六。

林炳炎，《臺灣經驗的開端：臺灣電力株式會社發展史》，臺灣電力株式會社資料中心，一九九九。

司法院，《百年司法：司法歷史的人文對話》，司法院，二〇〇六。

莊天賜，《二次大戰下的臺北大空襲特展》，臺北市政府文化局，二〇〇七。

陳允元，《島都與帝都：二、三〇年代臺灣小說的都市圖象》（一九二二－一九三七），國立臺灣大學臺灣文學研究所碩士論文，二〇〇七。

李乾朗，《百年古蹟滄桑：臺灣建築保存紀事》，典藏藝術家庭，二〇一四。

卡爾．休斯克，《世紀末的維也納》黃煜文譯，麥田，二〇〇二。

三宅理一，《巴黎的宏偉構想：路易十四所開創的世界之都》薛翊嵐、錢毅譯，清華大學，二〇一三。

第二章　地方廳舍

潘國正，《竹塹思想起：老照片說故事》，新竹市立文化中心，一九九五。

森宣雄、吳瑞雲，《臺灣大地震：一九三五年中部大震災紀實》，遠流，一九九六。

李美穗，《過盡千帆話新莊：翻開新莊的老照片》，新莊市公所，一九九六。

吳南茜，《臺灣日治時期都市之地方警察機關建築研究》，國立成功大學建築學系碩士論文，一九九八。

吳長錕，《回想清水牛罵頭老照片專輯2》，臺中縣立文化中心，一九九九。

向明珠，《文化資產的政治性格：嘉義稅務出張所的個案研究》，濤石文化，二〇〇四。

徐芳春，《歲月容顏：屏東縣老照片專輯》，屏東縣政府文化局，二〇〇八。

戴靜宜，《看見、老桃園：吳永順攝影專輯》，桃園市公所，，二〇一一。

黃士娟，《建築技術官僚與殖民地經營一八九五－一九二二》，遠流，二〇一二。

藍奕青，《帝國之守：日治時期臺灣的郡制與地方統治》，國史館，二〇一二。

洪致文，《像我們這樣的文化恐怖份子》，前衛，二〇一六。

第三章　醫院

王淳熙，《日治時期臺灣總督府醫院建築研究》，國立成功大學建築學系碩士論文，二〇〇一。

楊玉齡，《一代醫人杜聰明》，天下文化，二〇〇二。

呂哲奇，《由爸爾登（W.K.Burton）的衛生工程觀看臺灣日治初期基礎衛生工程與市區設計》，中原大學建築學系碩士論文，二〇〇四。

許美智，《影像宜蘭：凝視歲月的印記》，宜蘭縣史館，二〇〇七。

許錫慶，《日治時期臺灣衛生史料特展專輯：從瘴癘之鄉到清淨家園》，國史館臺灣文獻館，二〇〇九。

王浩一，《黑瓦與老樹：臺南日治建築與綠色古蹟的對話》，心靈工坊，二〇一〇。

莊永明，《臺北老街》，時報出版，二〇一二。

第四章　宗教建築

黃士娟，《日治時期臺灣宗教政策下之神社建築》，中原大學建築學系碩士論文，一九九八。

片倉佳史，《臺灣日治時代遺跡》，玉山社，二〇〇二。

片倉佳史，《臺灣土地．日本表情：日治時代遺跡紀行》，玉山社，二〇〇七。

釋聖嚴等，《佛教建築的傳統與創新》，法鼓文化，二〇〇四。

陳清香，《臺灣佛教美術：建築篇》，藝術家，二〇〇八。

趙一舟，《我們的聖堂》，聞道出版社，二〇〇八。

王俊雄、徐明松，《粗獷與詩意：臺灣戰後第一代建築》，木馬文化，二〇〇八。

蔡蕙頻，《不純情羅曼史：日治時期臺灣人的婚戀愛欲》，博雅書屋，二〇一一。

張秀哲，《勿忘臺灣落花夢》，衛城出版，二〇一三。

外山晴彥，《日本神社事典：進入神話傳說與神靈隱身之所》，臺灣東販，二〇一四。

蔡亦竹，《表裏日本：民俗學者的日本文化掃描》，遠足文化，二〇一六。

第五章　學校

蘇信宇，《臺灣日治時期中學校與高等女學校建築之研究》，國立成功大學建築學系碩士論文，二〇〇〇。

朱和之，《杜撰的城堡：附中野史》，商周，二〇〇二。

島嶼柿子文化館，《臺灣百年小學故事》，柿子文化，二〇〇四。

陳聰民，《楝花盛開時的回憶：日治時期畢業紀念冊展圖錄》第二冊，國史館臺灣文獻館，二〇〇五。

蔡榮順，《嘉義寫真第四輯》，嘉義市文化局，，二〇〇六。

陳政宏、顧盼、郭美芳，《鐘聲密碼：校園文化資產首部曲》，文化部文化資產局，二〇一三。

何義麟、簡宏逸，《圖說臺北師範校史》，五南圖書，二〇一三。

鄭麗玲，《躍動的青春：日治臺灣的學生生活》，蔚藍文化，二〇一五。

第六章　土木設施

王鼎盛等，《臺灣地區穀倉建築之機能與結構》，臺灣省政府糧食處，一九九七。

呂月娥，《日治時期基隆港口都市形成歷程之研究》，中原大學建築研究所碩士論文，二〇〇〇。

曾健洲，《臺灣日治時期測候所建築之研究》，國立成功大學建築學系碩士論文，二〇〇〇。

王麗夙，《日治時期臺灣電力設施之研究》，中原大學建築研究所碩士論文，二〇〇四。

吳小虹，《重回清代臺北車站：古鐵道和一座謎樣的火車站》，博揚文化，二〇〇六。

傅朝卿等，《彰化縣重大意義歷史建築調查研究》，彰化縣文化局，二〇〇六。

洪致文，《臺灣氣象傳奇》，玉山社，二〇〇七。

黃士娟、楊仁江、林一宏，《古蹟探祕．解碼臺灣》，雅凱電腦語音，二〇〇九。

陳柔縉，《舊日時光》，大塊文化，二〇一二。

高本幸和，《日治時期第六海軍燃料廠新竹支廠之研究》，中原大學建築研究所碩士論文，二〇一三。

經典建築現今位置

建築名稱	現址
1 中央官廳	
舊臺灣總督府	臺北市中正區延平南路九八號，臺北市中山堂
總督府中央研究所	臺北市中正區中山南路五號，教育部
赤十字社臺北支部	臺北市中正區中山南路一一號，長榮海事博物館
臺北電話交換室	臺北市中正區衡陽路九一號，兆豐國際商業銀行衡陽分行
舊臺灣銀行	臺北市中正區、博愛路寶慶路口東北側街廓
彩票局（總督府圖書館）	臺北市中正區、博愛路一六四號，國防部博愛大樓基地北側
總督府土木局（臺灣電力株式會社）	臺北市中正區博愛路一六四號，國防部博愛大樓基地南側
臺灣總督府交通局遞信部	臺北市中正區長沙街一段二號，國史館
總督府覆審法院	臺北市中正區重慶南路一段一二四號，司法大廈基地西北角
總督府臺北地方法院	臺北市中正區重慶南路一段一二四號，司法大廈基地西南角
臺北廳	臺北市中正區忠孝東路一段二號監察院
臺灣總督府交通局鐵道部	臺北市大同區延平北路一段一號
臺北市役所	臺北市中正區忠孝東路一段一號，行政院
舊臺北市議會	臺北市中正區忠孝西路一段二號
2 地方廳舍	
新竹廳（舊新竹州廳）	新竹市北區中央路一號，土地銀行新竹分行
高雄公館（舊高雄州廳）	高雄市鼓山區鼓山一路一〇五號，鼓山分局
屏東郡役所	屏東市北平路天津街口南側街廓
花蓮港廳	花蓮縣花蓮市中山路、公園路、復興街、公正街街廓
桃園街役場	桃園市桃園區中正路與四八巷東北側街廓
新莊郡役所	新北市新莊區新莊路二一二號，新北市政府警察局新莊分局
嘉義郡役所	嘉義市東區中山路一六〇號
桃園郡役所	桃園市桃園區中正路、中正路六二巷與中華路圍塑東北側街廓
新高雄州廳	高雄市前金區河東路一八八號，高雄地方法院
清水街役場	臺中市清水區中山路、鎮北街口東南側與郵局間街廓
東勢郡役所	臺中市東勢區豐勢路五一八號，東勢區公所
彰化郡役所	彰化縣中山路二段四一六號，彰化縣政府
岡山郡役所	高雄市岡山區壽天路一〇號，高雄市政府警察局岡山分局
旗山郡役所	高雄市旗山區延平一路四九九號，旗山區公所
潮州郡役所	屏東縣潮州鎮中山路一二號，屏東縣政府警察局潮州分局
屏東街役場	屏東縣屏東市中正路七二號，太平洋百貨屏東店
頂番婆派出所	彰化縣鹿港鎮鹿和路四段二五號
基隆警察署	基隆市信義區信二路二〇五號，基隆市警察局
嘉義警察署	嘉義市東區中山路一九五號，嘉義市政府警察局
基隆憲兵隊	基隆市中正區義一路三號，憲兵司令部基隆隊
臺東縣稅捐稽徵處	臺東縣臺東市新生路一六九號，The GAYA Hotel
3 醫院	
花蓮港醫院	花蓮市中正路六〇〇號，衛生福利部花蓮醫院

打狗醫院	高雄市鼓山區鼓山一路與鼓山二路交叉口住宅區
臺中醫院	臺中市西區三民路一段一九九號，衛生福利部臺中醫院
屏東醫院	屏東縣屏東市中央市場
嘉義醫院	嘉義市東區文化路、民權路、北榮街包圍廣場
澎湖醫院	澎湖縣馬公市中正路一〇號，衛生福利部澎湖醫院
赤十字醫院	臺北市中正區中山南路七號，國立臺灣大學醫學院附設醫院
臺北醫院	臺北市中正區常德街一號，國立臺灣大學醫學院附設醫院
★臺南醫院	臺南市中西區中山路一二五號，衛生福利部臺南醫院
宜蘭醫院	宜蘭縣宜蘭市新民路一五二號，宜蘭縣宜蘭市新民路一五二號
★樂生療養院醫療棟	桃園市龜山區萬壽路一段六五四之二號，衛生福利部樂生療養院
基隆醫院	基隆市信義區信二路一六八號
新竹醫院	新竹市東區西大路三二三號，遠東百貨、新竹大遠百威秀影城
馬偕醫院	臺北市中山區中山北路二段九二號
宏濟醫院（更生院）	臺北市大同區重慶北路二段一八〇號，第一銀行資訊中心
蓬萊產婦人科醫院	臺北市大同區民生西路二三一號，新偕中建設邀月大樓
羅東嘉普醫院	宜蘭市羅東鎮中正路一三六號
下營文貴醫院	臺南市下營區玄德街一號

4 宗教建築

★曹洞宗大本山臺灣別院	臺北市中正區仁愛路一段一七號，臺北市青少年發展處
淨土宗總本山知恩院臺北別院開教院	臺北市中正區忠孝東路一段二三號，善導寺
★淨土真宗本願寺派臺灣別院	臺北市萬華區中華路一段一七四、一七六號
淨土宗嘉義法隆寺	嘉義市東區民權路三〇八號，嘉義縣佛教會
淨土真宗大谷派臺北別院（東本願寺）	臺北市萬華區漢口街、西寧南路、武昌街、昆明街包圍街廓
臺灣神社	臺北市中山區中山北路三段一號，臺北圓山大飯店
★金瓜石神社	新北市瑞芳區金光路八號，新北市立黃金博物館園區內
高雄神社	高雄市鼓山區忠義路三二號，高雄市忠烈祠
臺灣護國神社	臺北市中山區北安路一三九號，國民革命忠烈祠
★建功神社	臺北市中正區南海路四三號，國立臺灣藝術教育館
新店教會	新北市新店區國校路二三號，新店基督長老教會
大稻埕蓬萊町大聖堂	臺北市大同區民生西路二四五號，聖母無原罪主教座堂
樺山堂	臺北市忠孝東路一段一一二號，華山救世主堂
臺北組合基督教會	臺北市中正區許昌街一九號，ＹＭＣＡ臺北青年國際旅館
天主教衛道中學教堂	臺中市北區太原路、永興街、衛道路、大德街範圍

5 學校

臺灣公立嘉義農林學校	嘉義市東區中山路七號，國立嘉義高級商業職業學校
臺灣總督府國語學校附屬小學校	臺北市中正區公園路二九號，臺北市立大學附設實驗國民小學
★新竹車站	新竹市東區榮光里中華路二段四四五號
打狗尋常高等小學校	高雄市鼓山區臨海二路五〇號，高雄市立鼓山國民小學

大稻埕公學校	臺北市大同區延平北路二段二三九號，臺北市立太平國民小學
臺灣公立臺中中學校	臺中市北區育才街二號，國立臺中第一高級中學莊敬樓
★總督府臺北中學校	臺北市中正區南海路五六號，臺北市立建國高級中學
臺南州立嘉義中學校	嘉義市東區大雅路二段七三八號，國立嘉義高中旭陵樓、宏觀樓、懷恩樓
臺北州立第二中學校	臺北市中正區濟南路一段七一號，臺北市立成功高級中學四維樓
★臺北州立臺北第二高等女學校	臺北市中正區中山南路一號，立法院
臺灣總督府立商業學校	臺北市中正區濟南路一段三二一號，國立臺北商業大學
★臺灣總督府醫學校	臺北市中正區仁愛路一段一號，臺大醫學人文博物館
★臺灣總督府臺北第二師範學校	臺北市大安區和平東路二段一三四號，國立臺北教育大學行政大樓
★臺北州立第三中學校	臺北市大安區信義路三段一四三號，國立臺灣師範大學附屬高級中學至善樓
臺北第四尋常小學校	臺北市中正區忠孝東路一段一號，行政院
臺北市樺山尋常小學校	臺北市中正區忠孝東路一段七號
臺灣大學農業經濟推廣館	臺北市大安區羅斯福路四段一號

6 土木設施

臺北大橋	臺一甲線省道臺北市與新北市之間
★臺北明治橋	臺北市中山區中山北路中山橋西北側
臺中櫻橋	臺中市臺灣大道一段綠川西街與綠川東街之間路段
臺中柳川橋	臺中市民權路柳川東、西路之間
臺中新高旅館	臺中市中區臺灣大道一段三三與三五號通寶大樓
★林烈堂宅	臺中市中區柳川西路二段一號，金豪門視聽有限公司
花蓮福住橋	花蓮縣花蓮市南京街、自由街與明義街路段
臺北測候所	臺北市中正區公園路六四號，中央氣象局
澎湖測候所	澎湖縣馬公市復興里新興路二號
古亭庄配電所	臺北市中正區南昌路二段四號，臺灣電力公司古亭二次變電所
臺南配電所	臺南市中西區永福路一段九四號，臺灣電力公司臺南區營業處
★北部火力發電所	基隆市中正區北寧路三六七號
鶯歌許家瓦窯（協興窯）	新北市國慶街光明路口西北側街廓
專賣局臺北後站倉庫	臺北市大同區承德路四號
★三井物產株式會社倉庫	臺北市中正區忠孝西路一段二六五號
★彰化農業倉庫	彰化縣彰化市辭修路一一九號
★臺北工場汽車修理工場	臺北市大同區延平北路一段二號
★國產軟木工業株式會社	臺北市南港區南港路二段一三號
日本海軍第六燃料廠新竹支廠煉油廠	新竹市東區建新路、建功路間原聯勤北赤土崎新村內煉油廠
★總督府專賣局松山菸草工場	臺北市信義區光復南路一三三號
總督府專賣局板橋酒工場	新北市板橋區新板橋車站特定專用區內
基隆港第二棧橋四號上屋事務所	基隆市仁愛區港西街一一號西二碼頭西南側
★基隆港西二西三碼頭	基隆市仁愛區港西街一二、一四、一六、一八號
臺北公路西站	臺北市中正區忠孝西路一段重慶南路一段，臺北行旅廣場
臺中客運站	臺中市中區站前廣場
嘉義公車票亭	嘉義市西區站前廣場

★局部拆除、改建或遷移而喪失原貌或保存狀況不佳亟需搶救修復者

索引

國家圖書館出版品預行編目(CIP)資料

紙上明治村2丁目：重返臺灣經典建築 / 凌宗魁作；鄭培哲繪. -- 初版. -- 新北市：遠足文化, 2018.06；　面；　公分. -- (藝臺灣；7)
ISBN 978-957-8630-42-0(平裝)
1.臺灣史 2.建築史
733.21　107007373

遠足文化　　讀者回函

藝臺灣 07

紙上明治村2丁目：重返臺灣經典建築

作者・凌宗魁｜**繪者**・鄭培哲｜**特約編輯**・內容力　黃筱威｜**校對**・楊俶儻｜**封面設計**・鄭培哲｜**內頁設計**・李岱螢
出版・遠足文化事業股份有限公司 第二編輯部｜**社長**・郭重興｜**總編輯**・龍傑娣｜**發行人兼出版總監**・曾大福｜**發行**・遠足文化事業股份有限公司　電話：02-2218-1417　傳真：02 8667-2116　客服專線：0800-221-029　E-Mail：service@bookrep.com.tw
官方網站：http://www.bookrep.com.tw｜**法律顧問**・華洋國際專利商標事務所　蘇文生律師｜**初版**・2018年6月｜**初版 4 刷**・2023年10月｜　**定價**・400元｜　**ISBN**・978-957-8630-42-0（平裝）｜